とある会社の
経理さんが教える
楽しくわかる！

原価計算入門

Higashiyama Yutaka
東山 穣

日本実業出版社

はじめに

「今日の昼食はどうしようかな」

　学校や職場での昼食。お弁当を作るか、外食にするか、それともパンなどを買うか……あなたはどうやって決めていますか？
　味、栄養、値段、手間など、いろいろな要素を考慮しているでしょう。

　ここでは、お弁当と外食を比較してみましょう。
　お弁当だと、内容にもよりますが200円以内の材料費で作れます。ただし、少し早起きをしなければならず、調理の手間もかかります。
　外食なら安くても500円はかかると考えたほうがよいでしょう。しかし、調理の手間がかからず、温かいご飯が食べられます。
　単純にお金の支出のみに着目すれば、断然お弁当のほうがお得です。外食と比べれば1か月で1万円程度の節約ができるでしょう。
　ただし「**支出**」ではなく「**費用**」に着目するとどうでしょうか。

　昼食にお弁当を選択したら、調理しなければいけません。お弁当箱をカバンに入れて持ち運ばなければいけません。食べ終わったお弁当箱を洗う必要もあります。外食にはこれらの手間は一切不要です。

　お弁当にはこうした手間がかかります。つまり、材料費だけでなく労働力を消費しているわけです。自分でやったり家族の誰かがやってくれたりするので、あまり意識することはないかもしれませんが、人の労働力を消費するためには、ふつう何らかの対価が必要となります。
　そんな労働力の対価（人件費や労務費と呼ばれるもの）を加味してお弁当と外食とを比較すると、どちらに軍配が上がるかは容易に判断できません。

何かものを作るために消費した材料や労働力といった、経済的に価値があるものを金銭的に換算したものを「**原価**」と呼びます。
　本書のテーマは、そんな「原価の計算」です。

　「原価」と言われても、多くの方はピンとこないようです。実際に私の周りの人に原価について聞いてみても、「何それ？」といった具合で、今までそんなこと気にしたこともないという様子でした。
　私たちは欲しいものの値段は気にしますが、それが何円で製造されたかまでは深く考えていません。
　ですが、これは消費者の発想です。
　生産者の立場に立てば「原価」に無関心ではいられなくなります。

　例えば、折り紙で千羽鶴を折って誰かに販売するとします。千羽鶴ですから折るのに何十時間もかかります。折り紙の量だって結構なものです。さてあなたなら何円で販売しますか？
　ここでもし私が「100円で買い取るよ」と言ったら、「は？　何言ってんの？」という気持ちになりませんか？　少しイラッとしますよね。
　それは100円があなたの労力に見合った金額ではないからです。折り紙1,000枚の値段にも足りません。
　あなたが納得できる妥当な金額を考えてみてください。
　まずは、折り紙1,000枚の値段。そして作業時間×時給。これらの合計額ならそれほど不満はないのではないでしょうか。これこそが原価です。営利目的で活動するのであれば、損をしてはいけません。言い換えれば利益を得なければいけません。そのためには、原価以上の価格で販売することになります。
　原価がわからなければ、そもそもまともな商売ができないのです。
　誰もが知っている世界的メーカーでも、町の中小メーカーでも原価を計算しています。私も、とある製造業の経理として、原価を計算している一

人です。こんなに大事な原価、でもわかりにくい原価について、できる限りやさしく解説したのが本書です。

　日商簿記検定の2級では、「工業簿記」として原価計算が出てきます。商品を自社で製造して販売する活動についての簿記が「工業簿記」です。工業簿記はその名の通り簿記（お金の動きを記録するもの）ですから、商品を作るときに何円かかったかを知る必要があります。つまり、原価情報が必要になるのです。

　そのため、本書は日商簿記3級から2級レベルの方の学習に役立つ内容となっています。ぜひ副読本としてご活用ください。

　さらに、経理の仕事をしている方、製造業で開発や営業を担当している方にとっても実用的です。

　数字や計算が苦手だという方にも楽しく読み進めていただきたいという思いから、本書はマンガと文章による補足説明で構成されています。本書の登場人物たちの素朴な疑問や勘違いなどについてのやり取りを通して、原価計算が少しでもとっつきやすくなれば幸いです。

とある会社の経理さんが教える
楽しくわかる！　原価計算入門　もくじ

はじめに ……………………………………………………………………… 1

1章　ものを作るためにかかるお金

01　おかずは自炊よりお惣菜のほうが安くつく？ ……………… 12
　　　ものを作るためにかかるのは材料費だけではない ……………… 16

02　3万円のチーズケーキ!? ……………………………………… 18
　　　原価計算でなるべく正確な金額をつかむ ………………………… 21

03　そもそも原価って何？ ………………………………………… 22
　　　「原価」という言葉の意味を押さえよう …………………………… 24

04　原価を知る利点は？ …………………………………………… 26
　　　原価を知ればいろいろな疑問が解決する ………………………… 28

05　工業簿記と原価計算の位置づけ ……………………………… 30
　　　工業簿記と原価計算の関係 ………………………………………… 32

コラム❶　原価計算の種類はたくさん!? ………………………… 34

2章 ケーキ屋さん、ケーキの原価を考える

01 原価の分類①
原価は3要素で構成される ……… 36
　最も基礎的な原価の分類方法 ……… 37

02 原価の分類②
製品との関連における分類 ……… 38
　直接費と間接費に分けて配賦する ……… 40

03 原価の分類③
製造原価以外の原価 ……… 44
　営業利益を出すためには総原価で考える ……… 45

04 原価の分類④
操業度との関連における分類 ……… 46
　操業度が予測できれば利益も予測できる ……… 47

05 原価計算の具体的な流れ ……… 48
　原価の一連の流れを仕訳でとらえる ……… 50

コラム2 製造業には製造原価明細書が必要 ……… 52

3章 特注ケーキのお値段は？
～個別原価計算～

- **01 原価を計算して特注ケーキの値段を決める** …… 54
  - 注文ごとに原価を計算する個別原価計算 …… 57
- **02 材料費** …… 58
  - 形あるものを消費すれば材料費 …… 62
- **03 労務費** …… 64
  - 人の労働力を消費すると労務費 …… 65
- **04 経費** …… 66
  - 材料費と労務費以外のものを消費したら経費 …… 67
- **05 消費額に予測値を使う** …… 68
  - 予測した金額を用いれば効率的に計算できる …… 73
- **06 製造間接費勘定** …… 74
  - 製造間接費を配賦する方法 …… 79
- **07 個別原価計算の具体例** …… 82
  - 製造指図別原価計算表を作成するときのポイント …… 84

08 部門別計算①
製造間接費を正確に配賦する ……… 86
部門別計算で正しく分配する ……… 90

09 部門別計算②
補助部門の配賦 ……… 92
製造に直接関わらない部門の製造間接費の配賦 ……… 95

10 部門別計算③
補助部門が複数ある場合 ……… 96
補助部門間の用役の配賦 ……… 101

11 失敗はどう原価に反映させる？ ……… 104
失敗品ができた場合の原価計算 ……… 110

コラム❸ 製造間接費をもっともっと正確に配賦する ……… 112

4章 注文が入る前にケーキを作っておく ～総合原価計算～

- **01 大量生産する製品の原価計算** ……… 114
  - 個別原価計算と総合原価計算の違い ……… 118
- **02 総合原価計算の具体例** ……… 120
  - ボックス図を使った計算パターン ……… 126
- **03 大量生産で失敗品ができたら** ……… 128
  - 度外視法と非度外視法 ……… 135
- **04 工程別総合原価計算** ……… 136
  - 工程ごとに原価を集計するとより正確になる ……… 140
- **05 組別総合原価計算** ……… 142
  - 異種製品を大量生産する場合の総合原価計算 ……… 147

- **コラム4** 石油製品や豚肉の原価計算 ……… 148

5章 生産結果のよし悪しを分析する
～標準原価計算～

- **01 原価の目標値を設定する** ……………………………… 150
  - 標準原価計算の概要とメリット …………………………… 154
- **02 標準原価計算の勘定連絡図** …………………………… 156
  - 当月投入分の3つの記帳方法 ……………………………… 159
- **03 標準と実績の差異分析** ………………………………… 160
  - 標準原価計算での差異分析 ………………………………… 166
- **04 標準原価計算における失敗** …………………………… 168
  - 標準原価計算での仕損と減損の計算方法 ………………… 175
- **05 原価差異の流れと処理** ………………………………… 176
  - 原価差異が出たときの調整方法 …………………………… 177

> **コラム5** 私が実際に行なっている原価計算 ……………… 178

6章 何個売れば儲けが出るの？
～直接原価計算～

01 翌1年間の利益計画を立てるために ……… 180
　変動費と固定費をそれぞれ把握して経営計画を立てる ……… 183

02 直接原価計算とは ……… 184
　計画に役立つ直接原価計算 ……… 188

03 固定費調整 ……… 190
　固定費調整で利益のズレを整える ……… 193

04 原価と営業量と利益の関係 ……… 194
　利益計画を立てるのに役立つＣＶＰ分析 ……… 196

05 目標利益を達成するために ……… 198
　どれくらいの営業量で目標が達成できるかを計算する ……… 199

コラム6 時代の要求に応え経営を助ける管理会計 ……… 200

索引 ……… 201

おわりに ……… 206

カバーデザイン／新田由起子
本文デザイン・ＤＴＰ／ムーブ（新田由起子・川野有佐）

1章
ものを作るためにかかるお金

01 おかずは自炊より お惣菜のほうが安くつく?

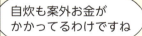

ものを作るためにかかるのは材料費だけではない

ものを作るのに要するお金。

それをどうやって計算するのか。これが本書のテーマです。

この「**原価**(げんか)」と呼ばれる概念。何だか小難しい印象ですが、ものづくりの商売（主に製造業と呼ばれる業種）では必ず考えなければいけません。

「ふ〜ん（まぁ自分には関係ないけど……）」

と思うことなかれ。

<mark>「原価」というものは決して私たちの生活に無関係なものではありません。</mark>

なぜなら**私たちは日常的にものづくりをしている**からです。

「え……、別に何にも作ってないけど」

とは言わせません。毎日の食事はどうしていますか？

料理をしていませんか？　料理なんてしない？

目玉焼きを作ったことはありませんか？

食パンをトースターで焼いたことはありませんか？

何ならインスタントラーメンにお湯を注いだことは？

お湯を沸かすのだって人間の手間を要します。ガスや電気を使うし、ポットや鍋、コンロが必要です。普段はあまり意識しませんが、私たちが働いたり道具を使うことでお金が消費されていると考えられます。

これは商売をイメージすれば理解しやすいでしょう。

あなたが玉子焼きを作ってお客さんに売る仕事を始めたとしましょう。道具も設備もないゼロの状態からです。何が必要でしょうか？

まず材料である卵を買ってきます。次にフライパンなどの調理器具、商品をのせる食器や包装材を購入します。キッチンを賃借するか、コンロを用意しましょう。そして水道や電力、ガスを使って調理します。

そのほかにも、調理をするためにはあなたの時間を使います。あなたはこの商売で生計を立てるのですから、労働時間の対価として給与に相当するお金を得なければいけません。

こう考えるといろいろな出費が推測できます。これらすべてが、ものを作るのに要するお金です。

玉子焼きビジネスは商売ですから、事業を継続するために最低限利益を獲得しなければいけません。つまり損をしてはいけません。

すると玉子焼きの販売価格はどうしましょう。

損をしないためには、前述した支出を上回るものでなければいけません。

損をしてはいけない、と考えるとちょっと真剣に原価について考えることができませんか？

ここで一転、立場を変えてこの玉子焼きを購入する消費者として見た場合、この玉子焼きの販売価格は経済的なのでしょうか。

食事にお金をかけないためには自炊が一番、というのが通説ですが、果たして本当にそうでしょうか。

もし余暇の労力にも収入が発生すると仮定するならば、自炊は必ずしも経済的とは言えません。ちょっと想像しにくい前提かもしれませんが、自宅で仕事ができる職業で、時間あたりの単価が高ければ、この考えはあてはまります。もし1時間で5,000円以上稼ぐ仕事の人が1時間かけて料理をすると5,000円を稼げないことになります。玉子焼きに2〜3分を使えば、167〜250円を失うことになります。これに材料費などを加算したものが自作玉子焼きの原価と言えます。お金のことだけを考えれば、きっと料理をする代わりにお惣菜を購入したほうがお得です。

これはあくまでお金のみに着目した話で、個人の趣味、価値観を考慮していないので単なる小理屈にすぎないのですが、ものを作るためには**材料＋労力＋その他**のお金がかかるということを押さえておいてください。

3万円の チーズケーキ!?

```
■原材料
  小麦粉 …………… 100g（30円）
  クリームチーズ …… 250g（300円）
  砂糖 ……………… 100g（30円）
  卵 ………………… 1個（30円）

■人件費
  @1,000円/時間×1時間 …（1,000円）

■調理器具
  ボウル ……… 1つ（500円）
  泡だて器 …… 1つ（300円）
  オーブン …… 1つ（27,800円）

■その他
  水 ………………… （約5円）
  電力 ……………… （約5円）
────────────────────────────
合計 …………… 30,000円
```

原価計算で なるべく正確な金額をつかむ

1＋1＝2。

ものを作るために要した金額の計算は、残念ながらこんな数式のようにはっきりしたものではありません。

考え方によって変わるものなのです。つまり金額自体が変化します。

同じ製品なのに考え方次第で製造に要した金額が変わってしまいます。

なぜそんなことが起こるのかというと、どの製品のために費やしたのかがよくわからない金額があるからです。

その製品を作るために使ったのは確かなのだけれど、その使用が金額に換算するといくらになるかわからない。

玉子焼きを考えてみてください。

卵を溶いて焼く工程において、道具や設備、建物、水、電気、ガスを使用しますが、その使用により消費した金額がわかりますか？

…………

そう、わからないのです。わからないのが当然なのです。

ですが、あなたが作った玉子焼きを誰かに販売する場合には「原価がわからない」では済みません。このままでは販売価格も決められません。

ではどうするか。先人はどうしたのか。

絶対的に正しい金額は算定不能ですが、少しでも正確な金額を得るために合理的な計算手法を編み出しました。合理的な金額算定という長所と複雑怪奇（パッと見）という短所をあわせ持った方法です。それが、本書で解説していく**原価計算**です。

製造業で活用されているこの手法。ものが溢れる現代社会において、私たちは知らないところでその恩恵にあずかっています。

03 そもそも原価って何？

原価とは、経営における一定の給付にかかわらせて、把握された財貨または用役の消費を、貨幣価値的に表したものである。

「原価」という言葉の意味を押さえよう

　何かを作るためには材料、労働力、水、電力、機械、設備などさまざまな経済的資源を消費します。この消費額を「原価」と呼びます。

「原価」という言葉が意味する範囲は立場によって差があります。
　例えば本書のテーマである原価は「**製造原価**（せいぞうげんか）」であり、これは損益（収益と費用）のマイナス項目になる「**売上原価**（うりあげげんか）」とは範囲がやや異なります。この似た名前の用語の違いをはっきりさせておきましょう。

　まずは製造原価についてです。
　これは==「その製品を取得するために消費した経済的資源の金額」==と言えます。
　販売用の椅子を作ろうとして、木材、釘、のこぎり、トンカチ、やすり、労力を消費したら、これらを金銭的価値に換算したものが製造原価です。卸売業における仕入高に相当するのが製造原価です。

　製造原価は**原価計算基準**（げんかけいさんきじゅん）という会計基準の中で定義されていて、その４つの性質についても言及されています。内容は以下の通りです。
　①原価は経済的価値を消費したときに発生します。これは材料を購入してきても消費をしなければ、その購入金額は原価にならないことを意味します。金銭的価値のないものも原価にはなりません。
　②原価は生産物との関連で把握されます。金銭的価値が消費され、その金額が製品や仕掛品（しかかりひん）（未完成品の意）へ転嫁されることを指します。
　③本業の製品生産販売に関するものだけが原価となります。本業の商売以外で発生した費用は原価にはなりません。
　④原価は正常な経営活動上発生した消費に限ります。製品の製造工程で失敗は起こり得るものです。このうち、正常な範囲での失敗は原価となり、異常な原因により生じた消費は原価にはなりません。

次は売上原価についてです。損益計算書の冒頭部分を以下に記します（損益計算書とは儲けや損の明細を示した会社の成績表です）。

損益計算書

項目	金額	意味
売上高	1,000 円	売価×数量
売上原価	800 円	商品の前期繰越＋当期仕入高－次期繰越 （簡単に言うと売れた商品の仕入高）
売上総利益	200 円	売上高－売上原価

このように「売上高」、「売上原価」、「売上総利益」、……と順番に表記されます。売上原価はざっくり言うと「**売れた商品の仕入高**」です。厳密には「前期末の在庫高（前期繰越）＋当期の仕入高－当期末の在庫高（次期繰越）」で計算されるのですが、今は「売れた商品の仕入高」の理解で十分です。

例えば八百屋を営んでいて、前期末における在庫はないものとします。今期リンゴを 1 個あたり 80 円（以下@ 80 円と表記）で 10 個仕入れ、これを@ 100 円で 8 個販売します。このとき、売上高は@ 100 円× 8 = 800 円です。一方、売上原価は@ 80 円× 8 = 640 円です。

10 個仕入れたからといって売上原価は@ 80 円× 10 = 800 円とはならないのです。売上原価とは「**販売した商品に対応するそれを取得するために要した金額**」と言えます。残りの 2 個は在庫として残ります。

以上をまとめると、「A という商品を 100 円で販売した。A の取得に 80 円を要した」というふうに**原価というのは売上（収益）と個別対応する**ものなのです。製造原価でも売上原価でもこの点は同じです。

製造原価の計算で販売まで考える必要はありませんが、収益との個別対応という原価の本質は頭の片隅に置いておくべきでしょう。

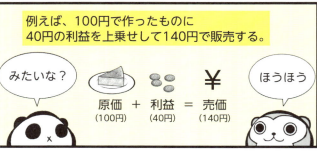

原価を知れば
いろいろな疑問が解決する

　原価がわからなければ適切な売価を決めることができません。1,000円かけて作ったものを500円で販売していては話になりません。

　原価を計算する元々の理由はこの売価決定に役立てるためです。
　しかし、時代の変遷とともに原価計算に求められる事柄が拡大していきました。工業形態の集約化、機械化が進むにつれ、知りたい情報が増したのです。競争の激化により、より正確な経営に資する情報が必要になったとも言えます。製造形態は以下のように変化してきました。

形態	内容
家内制手工業（かないせいしゅこうぎょう）	主に家族単位での手作業による生産
問屋制家内工業（といやせいかないこうぎょう）	問屋が設備を購入し、それを各生産者に貸し出し、生産物を問屋が買い上げる
工場制手工業（こうじょうせいしゅこうぎょう）	工場に設備を集中して労働者を雇い、分業により生産する
工場制機械工業（こうじょうせいきかいこうぎょう）	機械化による自動化で大量生産を可能にした。設備投資は多額になるが生産量は飛躍的に向上する

　さて、ビジネスにおいて原価を計算する利点を考えてみましょう。ケーキの製造販売をうまく進めるためにはいろいろ疑問が出てきます。

Q1　売価はいくらが適切か？
Q2　なるべく無駄がないようにしたい。
Q3　何個売れば利益が出るようになるのか？
Q4　新しく大型オーブンを買っても大量生産すれば元がとれるか？
Q5　ケーキのスポンジは他社から買ったほうが安上がりか？
Q6　新たに出店して将来的に採算がとれるのか？

原価計算はこういった疑問に答えられるように改良されてきました。

Ｑ１は前述した通り、売価を決定する際に原価を参考にします。ただ最近では市場価格が先に決まっているケースが多いようです。

相場があらかじめ決まっているので「原価＋利益⇒売価」とするのではなく「売価－利益⇒原価」として目標原価を決めてしまい、この金額内で製品を作れるように製品設計をすることになります。

Ｑ２はある製品を作るために要する原価の標準を設定しておき、実際の原価との差異を分析します。

標準と実績との差異の原因は材料の仕入単価やその消費量、製品の生産量が予測と実績で異なっていたなどが挙げられます。原因がわかれば改善すべき点がはっきりするので業績アップにつなげやすいという利点があります。

Ｑ３は原価、生産量、利益の関係を分析することで判明します。毎月の目標売上高の設定に役立ちます。また収益率の高い製品を判定し、力を入れて販売すべき製品の取捨選択ができます。

Ｑ４は設備投資の意思決定です。高額な設備を購入することで得られる恩恵が、投資金額を上回るかどうかの判定です。将来の数年間の見通しが考慮されます。

Ｑ５は自社で加工せずに、一部（または全部）を外注化することで安く仕上げることができるかを判断します。ＯＥＭ（他社ブランド製品の製造）の理由の１つに挙げられます。

Ｑ６は初期投資額が大きい案件で、資金繰りやその地域での販売予測など多くの情報分析をして、将来獲得するであろう利益を現在価値に換算して投資に値するかを考えています。

このように、**会社の方向性を決めるための情報源**として原価計算は活用されます。また、会社の成績表の作成には製品在庫の評価額や儲けの計算をする必要があるので、ここでも原価が必須の情報となります。

05 工業簿記と原価計算の位置づけ

全くの別物なんです

ついでに工業簿記と原価計算の違いについて説明しようか

工業簿記
原価計算

簿記の学習で登場する工業簿記と原価計算の関係は

ざっくりまとめると以下のように表せます

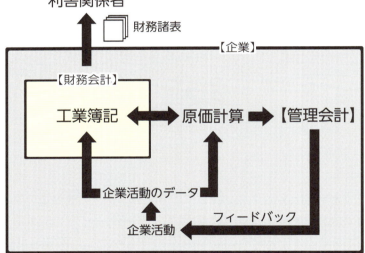

まず簿記の話。
簿記というのは
企業の活動を
金銭的に把握して
記録する技術です。

その最終目的は
会社の成績をまとめて
利害関係者に
提示することです。

その表現の方法などには決まりごとがあり、このような対外的な会計のことを
財務会計（ざいむかいけい）と呼びます。
工業簿記はこれに属します。

＊利害関係者とは株主、銀行、取引先、従業員など企業に関わる者を指します
＊財務諸表とは企業の成績表と考えればよいでしょう

1章 ものを作るためにかかるお金

次に原価計算の話。
その名の通り起源は
製品の原価を計算する
ための手法です。

その目的の1つは製品1つあたりの
原価を計算することにあります。
＊前述の通り目的はこれ以外にもあります

原価計算

原価計算には原価計算基準という
決まりごとがあり、これに則って
企業が自社に適合した計算を
行なっています。

ふむ
ふむ

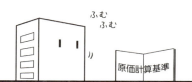

データの流れを見ると
まず企業活動があり、
そこからさまざまな
データが得られます

【企業活動のデータ】
・材料を5万円で買った
・人件費が10万円かかった
・作業時間は40時間だった
・製品Aを10個作った
・機械Bが20時間稼働
・機械Bの操作には2人必要

これらのデータを
どんどん記録して
いきます。

そのまま仕訳をきれるものは
簿記に組み込まれ、
作業時間などは原価計算用に
利用されます。

原価を計算する際には
簿記のデータも利用し、
さらに原価計算の結果が
簿記に組み込まれるため
両者は非常に密接な関係にあります。

工業簿記 ⇄ 原価計算

原価計算からのデータ提供は
簿記に対するもの以外に
利益率の高い製品の判定など
経営に資する情報作りにも
利用されます。

このような会計を
かんりかいけい
管理会計と呼びます。

管理会計は企業内部で利用する資料で
外部に公開する必要はありません。

管理会計を元に経営の方向性を決定し
企業活動が改善されるわけです。

羅針盤
ですね

本書ではまず財務会計に
関わる部分を学び
その後、管理会計の
分野を進めていきます

分量は財務会計が
大半を占めます

財務会計
↓
管理会計

31

工業簿記と原価計算の関係

　簿記検定の学習を進めると「工業簿記」、「原価計算」という言葉に遭遇します。これらの関係を整理しておきましょう。

　まず工業簿記はその名の通り簿記です。
　==簿記というのは企業のお金の動きを記録し、それを読みやすくまとめる技術を指します。==その目的は工業簿記であろうと商業簿記であろうと違いはありません。
　財務諸表を作成し、それを利害関係者に提示することが目的です。
　簿記は企業外部へ向けての資料作りに主眼が置かれます。
　このような会計のことを「**財務会計**（さいむかいけい）」と呼びます。これを利用して多くの人が企業の価値を判断したり、自分の利益を確保しようとします。
　多くの人が利用するということは共通ルールがあるということです。
　世の中には、数多くの企業があります。それぞれが自分勝手に成績表を作っていたら投資家や銀行は評価できません。同じ基準で作成されたものだから比較検証できるのです。==よって外部向け会計である財務会計にはルールが存在し、簿記はその中に属します。==

　財務会計という用語が出てきたので財務会計とともに会計の世界の双璧を成す**管理会計**（かんりかいけい）について簡単に解説しましょう。
　管理会計というのは企業内部の経営者、管理者に対して経営に役立つ情報を提供することを目的とした会計を指します。
　経営に役立つ情報というのは、どの商品の利益率が高いかとか、事業を拡大する際にどこにお金や人員を注げばよいかの判断材料になるということです。こういった情報は外部へ提供する必要のないものです（むしろ漏らすべきではありません）。
　==企業内部だけで利用するものですから管理会計には公のルールは存在しません。==各社が自社に適した資料作りをすればよいのです。

少し脇道に逸れましたが原価計算の話に移りましょう。原価計算は前述した財務会計、管理会計のどちらか一方に属するものではなく、両方と関係を持っています。どちらかというと管理会計との親和性が高いので、管理会計寄りに考えられることもあります。

　まず財務会計との関係ですが、財務会計から原価を構成する材料費や人件費などの情報が原価計算の計算システムへ渡されます。それに加え製品製造にかかわる各種データ（作業時間、稼働時間など）を原価計算システムに渡すことで各種製品、仕掛品（未完成品のこと）の原価が算定されます。これを財務会計に返すことで財務諸表が完成します。この原価計算とのやりとりの窓口が工業簿記です。
　原価計算が興った歴史を鑑みるに、産業革命により生産形態が変化し、従来の複式簿記では対応できなくなった部分を原価計算という別の計算手法に外部委託したように見受けられます。

　次に管理会計との関係です。管理会計は原価計算なしでは考えられない分野です。原価を構成する要素を分類し管理することで利益率の高い製品を選別でき、予算と絡めることで利益計画を立てられます。
　原価計算は管理会計向けにその機能が拡張されてきたのです。

　最後に日商簿記検定の話をすると、日商簿記1級は「商業簿記」「会計学」「工業簿記」「原価計算」の4科目で構成されています。この中の「工業簿記」の学習範囲は帳簿への記帳全般となっており、つまり財務会計が対象です。そこには「原価要素」⇒「仕掛品」⇒「製品」という仕訳及びそのための計算が含まれています。
　一方で「原価計算」という科目は、投資や利益計画といった管理会計の分野が対象となります。

コラム① 原価計算の種類はたくさん！？

原価計算の種類は複数あり、次のような分け方がされます。

原価計算	個別原価計算	
	総合原価計算	単純総合原価計算
		組別総合原価計算
		等級別総合原価計算

ちなみに、これらの中にさらに細かい計算方法の違いがあります。

「何でこんなに種類がたくさんあるんだヽ(｀Д´#)ノ ムキー」

ついついこう言いたくなるのですが、これは仕方がない話です。私はむしろ少なく済んでいるなぁと感心します。

世の中、人が加工した製品の種類は数えきれないほどあります。何百万、何千万という種類の製品があるということは、それだけ異なる製造方法があるということです。建物を建てるのと、ラーメンを作る工程は全然違います。それらをたった数種類の計算方法で賄おうというのです。冷静に考えれば無茶苦茶な話です。それをやってのける原価計算って、カッコいい！

ただ、数種類の計算方法で多くの製品に対応しているといっても、実際にはそれぞれの会社が適した原価計算を選択し、その考え方をベースに自社に適した原価計算の仕組みを構築しているはずです。

簿記検定用に学習する原価計算は広く浅い印象です。浅いというと語弊がありますが、要は根幹部分を学ぶのです。実際の会社で行なっている原価計算は扱うデータ量が膨大でその処理は煩雑を極めます。ですが、検定試験は時間の制約があるためシンプルにせざるを得ません。学習範囲は広く難易度も高いですが、考えようによっては複雑ではありません。

2章
ケーキ屋さん、ケーキの原価を考える

01 原価の分類①
原価は3要素で構成される

材料費	小麦粉、砂糖、クリームチーズ、卵、調理器具
労務費	労働力
経費	電気、水

材料費・・・形があるものを消費
労務費・・・人の労働力を消費
経費　・・・材料費、労務費以外のものを消費

最も基礎的な原価の分類方法

　原価として発生したお金は**材料費**、**労務費**、**経費**の3つに分類されます。
　これは原価の分類法の一種で「**形態別分類**」と呼ばれます。
　原価要素を分類する理由は次の利点があるからです。
　①わかりやすくなる。②効率的になる。

　例としてスーパーマーケットの商品配置を考えてみましょう。
　①にんじんや大根は野菜コーナー、牛肉や豚肉はお肉コーナー、ガムや飴はお菓子コーナーに配置されています。こうすることでお客さんは商品を探しやすく、お店側は商品の補充がしやすくなります。

　②お肉は傷みやすい。ですから保冷設備が必要です。
　牛、豚、鶏、これらをお肉コーナーに配置することで肉用の保冷設備はお肉コーナー1つで事足ります。しかし、商品の配置がてんでバラバラで食パンの隣に牛肉が置いてあったら、冷やす必要のないパンを冷やす羽目になるかもしれません。もしくは小さな保冷装置をさまざまな場所に設置しなければいけません。これではひどく効率が悪くなります。

　性質の似ているものを1つにまとめることで管理・活用がうまくいきます。原価計算でも同じことが言えます。
　何らかの計算手順を経て原価を算出するのですが、原価の要素（材料、労力、電力など）によってその手順は若干異なります。しかし、1つひとつをバラバラに計算するのは手間がかかるので、**似た性質のものはまとめてしまい、そのまとまりで計算をして簡略化を図るのです。**

　ちなみに製造原価要素の分類方法は原価計算基準には5種類挙げられています。その中でもこの形態別分類は特に重要な1つです。

02 原価の分類②
製品との関連における分類

つながりの強さの分類

世の中、分類の仕方はいろいろあります。

料理で言えば日本料理・西洋料理・中華料理など。これは発祥の地域別です。

日本　西洋　中華

これとは別に肉料理、魚料理、パスタ、スープ、ご飯ものなんて分け方もあります。これは種類別。

牛　豚　鶏　麺

これらの分類を組み合わせることもできます。

 日本料理 + 魚 → 寿司

 西洋料理 + 肉 → ハンバーグ

原価においてもこのような性質を持つ分類法があり、その1つに**製品との関連における分類**が挙げられます。

この分類によって原価要素は**直接費**と**間接費**という2種に分類されます。

イチゴケーキとチーズケーキを作成する所要時間で考えましょう

【ケーキ製造の所要時間】

イチゴケーキ(1個)……	50分
チーズケーキ(1個)……	30分
洗い物 ……………	20分
合計 …………………	100分

＊洗い物は両方のケーキで共通して使用した時間とします

それぞれのケーキの所要時間は**各々だけ**の原価になります。

苺(イチゴ) 50分　乾酪(チーズ) 30分

一方で洗い物にかかる時間はイチゴケーキ、チーズケーキの両方に関わっています。ですから、それぞれに対応する部分を何らかの方法で按分しなければいけません。

洗 20分 → 苺／乾酪

前者のように
その製品のためだけに
消費されたことが
明らかな原価を
直接費と呼びます。

また後者のように
その費用が複数の製品に
またがるものを
間接費と呼びます。

このような分け方をする理由は
正確な原価を計算したいからです。

このケーキの例の場合、
正確な原価を知りたいから
ケーキごとに消費時間を
計測したのです。

これがもし
面倒くさがって
所要時間の合計しか
計っていなかったら
どうでしょう。

両者への配分は
単純に半分ずつに
なってしまうかも
しれません。

イチゴケーキとチーズケーキの
所要時間は異なったはずです。
にもかかわらず、個別の時間を
計測しなかったばかりに
このままでは同じ原価が課される
可能性があります。
これでは正確とは言えません。

なるべく個別対応させたほうが
より正確な計算ができるので
直接費を把握しているのです

正確性UP ↑

そして、この関連性における分類と
材料費・労務費・経費の分類とを
組み合わせたものがよく使用されます。

形態別分類 ＋ 関連性の分類

2種の分類を組み合わせて
このような表現がされます

直接XXや間接XXという
名称を用います

```
              ┌─ 材料費 ─┬─ 直接材料費
              │          └─ 間接材料費
原価 ─────────┼─ 労務費 ─┬─ 直接労務費
              │          └─ 間接労務費
              └─ 経費  ─┬─ 直接経費
                         └─ 間接経費
```

直接費と間接費に分けて配賦する

　材料費、労務費、経費の分類とともに特に重要なのが、この項で紹介する「製品との関連における分類」です。

　これは原価要素が製品と直接的に関わりがあるのか、間接的に関わりがあるのかの分類です。直接的に関わりがある原価を「**直接費**」、間接的に関わりがある原価を「**間接費**」と呼びます。

　イチゴケーキとチーズケーキの2種の製造で考えてみましょう。
　小麦粉、砂糖、卵などの原材料はそれぞれのケーキでどれだけ消費したかがわかります。イチゴは明らかにイチゴケーキに使ったものですし、チーズはチーズケーキに使ったものであることがはっきりしています。
　労働力は、そのケーキを作るために要した時間を計測できます。
　これらのように製品との関連性を直接認識できる原価が直接費に該当します。
　一方、オーブンなどの調理器具、水や電気についてはどうでしょう。
　オーブンが50,000円だとして、これをイチゴケーキとチーズケーキの原価として明確に按分することができるでしょうか？
　オーブンの使用可能期間や各ケーキに対する使用割合などで大まかに分けることしかできないのです（ですが、もしそのオーブンがイチゴケーキだけに使用されるなら、オーブンの費用はイチゴケーキの直接費に該当します）。
　水道料金や電気料金もはっきり按分できるものではありません。
　製品の原価を構成しているけれど複数の製品に共通して生じているため、どの製品の原価になるのかよくわからない原価が「間接費」です。

　では、その原価が製品と直接関連づけられるかどうかを考えて、何かよいことがあるのでしょうか。それは原価をなるべく正しく計算するこ

とができる、ということです。

　イチゴケーキとチーズケーキを1個ずつ作り、そのために材料費が全部で500円かかったとします。

　500円÷2個＝250円。

　だからイチゴケーキの材料費は250円、チーズケーキも250円。

　これは最も単純な原価の計算ですが、これで大丈夫でしょうか。

　違うものを作ったらその製作費用も異なる、と考えるのが普通です。きっと両者では用いる材料の種類や量が異なるはずです。イチゴはチーズケーキには使いません。だったらイチゴの代金はイチゴケーキだけの原価に算入されるべきです。逆にチーズはチーズケーキだけの原価になるべきです。

　このように、その製品に直接関連づけられる原価はその特定のものに負担させたほうがより正確な原価計算に役立つのです。

　適正な原価がわかれば適正な売価をつけることができ、これが販売戦略にもつながります。経営のかじ取りのために必要なことです。

　直接費がわかると、より正確な原価を計算できます。これは裏を返せば間接費が多いと、正確さが低下するということです。

　間接費は何らかの基準（個数や作業時間など）によって按分せざるを得ないのですが、その基準が適当なものでなければ実態に即していない原価を計算することになってしまいます。

　間接費をうまいこと配分したい。

ちなみに原価計算では配分のことを配賦（はいふ）と表現します。

　これはかなり重要な問題で、原価計算が複雑な計算になりがちなのは、この問題を解決するために試行錯誤した結果なのです。

　間接費が正確な原価計算の鬼門となっている例を挙げましょう。

　例えば、パンダとトラとサルの3人で回転寿司に行ったとします。皿には100円、200円、300円の3種があります。

　それぞれの食べた種類と枚数、金額は次のようだったとします。

皿	パンダ	トラ	サル	合計
100 円	3 枚 (300 円)	8 枚 (800 円)	0 枚 (0 円)	11 枚 (1,100 円)
200 円	5 枚 (1,000 円)	8 枚 (1,600 円)	5 枚 (1,000 円)	18 枚 (3,600 円)
300 円	2 枚 (600 円)	0 枚 (0 円)	7 枚 (2,100 円)	9 枚 (2,700 円)
合計	10 枚 (1,900 円)	16 枚 (2,400 円)	12 枚 (3,100 円)	38 枚 (7,400 円)

　ここでもし、みんながそれぞれ何円の皿を何枚食べたかを全く把握していなかった場合、以下のようになります。配賦基準（金額を配分する基準）は人数です。

皿	パンダ	トラ	サル	合計
100 円	?	?	?	11 枚 (1,100 円)
200 円	?	?	?	18 枚 (3,600 円)
300 円	?	?	?	9 枚 (2,700 円)
合計	? 枚 (2,466 円)	? 枚 (2,466 円)	? 枚 (2,466 円)	38 枚 (7,400 円)

　皿の種類と枚数はテーブルの上にあるのでわかりますが、誰が何円分食べたのかはわかりません。ですから全体の金額を人数で 3 等分するしかありません。1 人が負担する金額は 7,400 円 ÷ 3 ≒ 2,466 円です。

　次に各々が食べた皿の合計数を把握している場合を考えましょう。その枚数で合計金額を按分します。配賦基準は枚数です。

皿	パンダ	トラ	サル	合計
100 円	?	?	?	11 枚 (1,100 円)
200 円	?	?	?	18 枚 (3,600 円)
300 円	?	?	?	9 枚 (2,700 円)
合計	10 枚 (1,947 円)	16 枚 (3,116 円)	12 枚 (2,337 円)	38 枚 (7,400 円)

　パンダは 7,400 円 × 10 ÷ 38 ≒ 1,947 円。
　トラは 7,400 円 × 16 ÷ 38 ≒ 3,116 円。

サルは 7,400 円 × 12 ÷ 38 ≒ 2,337 円。
本来の金額と比較するとトラとサルの金額が大きく異なります。

次に、各々が食べた 300 円皿の枚数と合計数を把握している場合です。300 円皿以外の金額を残りの枚数で按分しています。配賦基準は枚数。

皿	パンダ	トラ	サル	合計
100 円	?	?	?	11 枚 (1,100 円)
200 円	?	?	?	18 枚 (3,600 円)
300 円	2 枚 (600 円)	0 枚 (0 円)	7 枚 (2,100 円)	9 枚 (2,700 円)
合計	10 枚 (1,897 円)	16 枚 (2,593 円)	12 枚 (2,910 円)	38 枚 (7,400 円)

7,400 円 － 2,700 円 ＝ 4,700 円が誰に負担させるべきか不明です。
これを 100 円皿と 200 円皿の合計数 29 枚（＝ 11 枚 ＋ 18 枚）で割ってそれぞれが食べた皿の枚数を掛けます。
パンダは、4,700 円 ÷ 29 × (10 － 2) ≒ 1,297 円。
トラは、4,700 円 ÷ 29 × (16 － 0) ≒ 2,593 円。
サルは、4,700 円 ÷ 29 × (12 － 7) ≒ 810 円。
これに 300 円皿の金額を加算すると、本来の金額とかなり近い数字になります。

以上の表を見ると、表中の「？」が少ないほうがより個人の負担すべき金額が正確になることがわかります（枚数が判明している皿の種類にもよります）。ここの「？」になっている項目こそが間接費に相当する部分です。逆に枚数が判明しているものが直接費となります。

製品の種類にもよりますが、実際の原価計算では間接費の占める割合が大きく、==各製品の原価の正確性は間接費を正確に配賦できるかどうかにかかっています。==

03 原価の分類③
製造原価以外の原価

営業担当者の給与も一応原価の一種

………？

……何だか儲けられてない気がするお

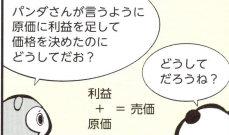
パンダさんが言うように原価に利益を足して価格を決めたのにどうしてだお？

どうしてだろうね？

利益 ＋ 原価 ＝ 売価

実家の一部を店舗として使っているから賃借料を納めているのに

これじゃ払えない

……ちょっと言葉が足りなかったかも

?

商売には商品を仕入れたり、作ったりする以外にもお金がかかるんですね。

営業担当者の給与
販売店舗の賃借料
社屋の減価償却費

これらを考慮して売価を決定しなければ期待通りの利益は出ないんです

へぇ

よくも騙してくれたな！

いやいや違うって

①製造原価＝製造に要した原価

②総原価＝製造原価＋販管費
＊販管費＝販売費及び一般管理費

原価という言葉には複数の意味があって今回はちょっと誤解があっただけだよ

さる夫が考えてたのは製造原価＋利益だね

販売価格は総原価＋利益で考えたほうがいいですね

営業利益を出すためには総原価で考える

原価計算で扱う原価の名前は、いろいろ種類があって混乱しがちです。

単純に「原価」と一言で言っても**製造原価**を意味する場合と**総原価**を意味する場合があります。

製造原価は製品の製造に要する原価を指します。

総原価は「製造原価 ＋ 販売費 ＋ 一般管理費」で計算されます。

販売費とは販売活動に要した費用です。営業担当者の給与や旅費、広告費などが該当します。一般管理費とは製造、販売いずれにも分けられない管理費を指します。例えば、経営者に対する役員給与であったり、本社管理部門（経理や人事など）にかかる費用などが該当します。

販売費と一般管理費を合わせて営業費と呼びます。

下図は原価の構成を示した図です。

左に行くほど細分化され、右に行くほどまとめの名称になります。

				営業利益	
		販売費	営業費		
		一般管理費			
直接材料費	製造直接費				販売価格
直接労務費		製造原価		総原価	
直接経費					
間接材料費	製造間接費				
間接労務費					
間接経費					

製品の販売価格（売価）を決める際には総原価で考えなければ本業の利益である営業利益が確保できません。

04 原価の分類④ 操業度との関連における分類

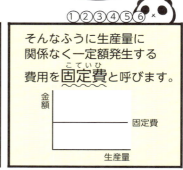

一方、原材料などは生産量の増減で消費額が変動します。このような費用を**変動費**（へんどうひ）と呼びます。

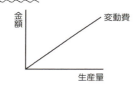

原価 → 固定費／変動費

この分類をすることで生産量の増減に応じて原価がどう変化するかがわかります。

$$y = ax + b$$

a,b：定数　x,y：変数
y＝原価　ax＝変動費
b＝固定費　x＝生産量

単純に言うとこんな式で原価が計算できます

変動費と固定費に分解していないと生産量の増減の影響を表せません

ふーん

この計算式のxに将来の生産量や販売量を代入すれば将来の原価が計算できます

これで利益計画を立てられるんです

固定費は一定なので生産量に応じて製品1個あたりの負担額が大きく変動することを覚えておいてください。

固定費	生産量	負担額
1,000円	10個	100円/個
	100個	10円/個

操業度が予測できれば利益も予測できる

操業度とは製品の生産量や機械の操業時間など工場の稼働度合を示す用語です。同じような意味で、営業量や業務量という用語も使用されます（経営活動の量という意味です）。

原価はこの操業度の増減に応じて変化するもの、変化しないものに分けられます。そして、変化するものを「**変動費**」、変化しないものを「**固定費**」と呼びます。

変動費とは操業度の増減に応じて比例的に増減する原価です。例としては直接材料費や出来高給による直接労務費が挙げられます。

固定費とは操業度の増減とは無関係に、一定期間変化せず発生する原価を指します。例えば職員の給与（固定給）、賃借料などがあります。

すべての原価が変動費と固定費のいずれかに分類できればよいのですが、中には両者の性質を持つ原価があります。水道光熱費、電話料などは「基本料金＋利用料」で構成されています。このようなものは「**準変動費**」と呼ばれますが、最終的には変動費か固定費へ分類します。

また、広告費や試験研究費のように経営管理者の方針によって変動費にも固定費にもなり得る費目も考えられます。

原価要素を変動費と固定費に分類することを「**固変分解**」と呼びます。上記のように固変分解は困難な部分があります。

操業度によって原価がどのように変化するかを把握しておくことは極めて重要です。==なぜなら将来の操業度の予測値にもとづき原価の予測をすることができ、そこから利益を予想できるからです==（なぜそんなことができるのかは5章で説明します）。どれだけ生産販売すれば原価・利益がどのような数字になるのかを推測し（利益計画）、それを目標とするのです。これも会社のかじ取りに必要不可欠な情報です。

05 原価計算の具体的な流れ

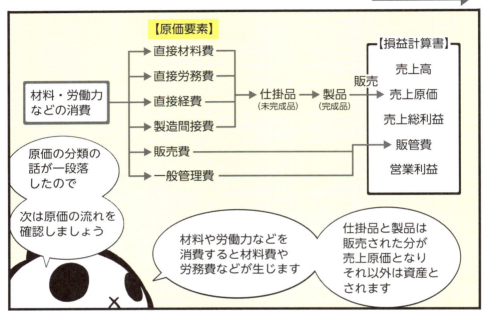

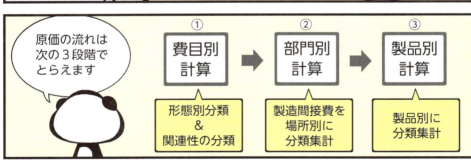

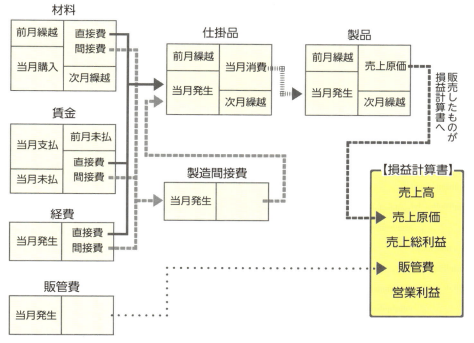

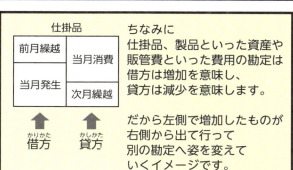

原価の一連の流れを仕訳でとらえる

　原価要素（原価を構成するもの）の金銭的価値は最終的に製品へ転嫁され、**製品が販売された段階ではじめて費用化されます**。つまり材料や労働力を消費してもそれは仕掛品（製造途中の未完成品）や製品という形で資産として計上されるだけで、その期間の損益には影響しないのです。

　ちなみに原価計算の期間は1か月が一般的です。1か月単位で生産した製品などの原価を決定していきます。これは経営管理に役立つ情報を短い期間で提供することで、経営者の意思決定に寄与する意味合いがあります。

　原価計算は大まかに次の3段階の流れで進みます。
　①まず、費目別計算をします。ここでは、「形態別分類」と「製品との関連性における分類」により直接材料費、直接労務費、直接経費、製造間接費の分類をします。この作業は個々の費目の重要性（どの費目の割合が高いのかなど）を知る上で重要です。
　②部門別計算は原価発生の場所別に分類集計する手続きです。
　特に製造間接費を製品別に正確に配賦する上で必要な作業で、これは各部門の責任者別に原価を集計し、それを管理する意味があります。
　③製品別計算により製品の単位ごとの原価を計算します。
　これは外部向けの期間損益計算や内部向けの利益管理にとって重要な情報を提供する手続きとなります。
　仕掛品の原価を計算することも製品別計算に該当します。

　まとめると、発生した原価要素を分類して⇒場所別にまとめて⇒製品別に原価を計算する、という流れになります。

　次に、原価の一連の流れを仕訳で示すと次のようになります。

金額はわかりやすいように単純なものを例としています。

①原価要素を購入し、販売費及び一般管理費が生じた

材料	500	買掛金	1,100
賃金・手当	500		
経費	100		
販管費	200	現金	200

②材料・労働力・経費を消費し仕掛品（未完成品）が製造された

仕掛品	600	材料	300
		賃金・手当	200
		経費	100

③仕掛品が完成した（製品になった）

製品	500	仕掛品	500

④製品を販売した

売掛金	1,000	売上	1,000

⑤販売した製品に対する原価を期末に計上する

売上原価	300	製品	300

⑥期間損益を計算するため損益勘定に振り替える

売上	1,000	損益	1,000
損益	500	売上原価	300
		販管費	200

2章 ケーキ屋さん、ケーキの原価を考える

製造業には製造原価明細書が必要

　製造業の企業が外部報告用に作成する財務諸表には貸借対照表、損益計算書のほかに製造原価明細書があります。

　これは卸売業などの当期商品仕入高に相当する当期製品製造原価の計算明細を示した表です。原価計算は企業内部で行なうもので、当期に生産された製品の原価が本当にその数字で妥当なのかは客観性に乏しいのです。ですからどういった原価要素を消費して、仕掛品の収支計算をしているかを示す必要があります。以下に具体例を示します。

製造原価明細書

Ⅰ	材料費		
	1. 期首材料棚卸高	500	…（A）期首に持っている材料の金額
	2. 当期材料仕入高	1,000	…（B）当期に仕入れた材料の金額
	合計	1,500	…（A）＋（B）
	3. 期末材料棚卸高	1,200	…（C）期末に持っている材料の金額
	当期材料費	300	…（A）＋（B）－（C）当期材料費の合計
Ⅱ	労務費		
	当期労務費	480	… 当期の労務費の合計
Ⅲ	経費		
	1. 水道光熱費	100	…（D）当期の水道光熱費
	2. 減価償却費	120	…（E）当期の減価償却費
	当期経費	220	…（D）＋（E）当期の経費の合計
	当期総製造費用	1,000	…（F）当期の材料費(300)＋労務費(480)＋経費(220)
	期首仕掛品棚卸高	550	…（G）期首に持っている仕掛品の金額
	合計	1,550	…（F）＋（G）
	期末仕掛品棚卸高	600	…（H）期末に持っている仕掛品の金額
	当期製品製造原価	950	…（F）＋（G）－（H）当期に製品になった金額

　表示は形態別が原則ですが、直接費間接費を含めることもあります。

3章
特注ケーキのお値段は？
～個別原価計算～

原価を計算して特注ケーキの値段を決める

特注品の原価

ケーキの注文が少しずつ増えてるお 口コミ効果だお

誕生日ケーキとか装飾をこだわった特注品が好評だお

それはもう事業として取り組んでもいいかもしれないね

お、社長？

そうすると会計の知識もないとね

そのへんはお任せするお

ん？ 僕はやらないよ？

へ？

ちゃんと自分でできるようにならないと今後困るからね

え〜

この章では特注品のように注文ごとに生産する形態に適した原価計算の手法を説明しましょう

個別原価計算といって注文ごとに消費した金額を計算する手法です。

1章の2で見たように原価要素を積み重ねるイメージです。

さる夫、いろんなケーキを作ってるけどそれぞれにレシピがあるんだよね

そうだお

で、作ったケーキごとに使った材料や時間なんかを記録してるんだよね

そうそう

このように製造工程や使用材料などを書き示したものを**製造指図書**（せいぞうさしずしょ）と呼びます。

製造指図書は技術部や生産管理部から発行される製造部門への命令書です（別途資料が添えられることもあります）。

```
製造指図書
指図No.：#101
製造日：2015/11/15
工程
 1 計量
 2 材料を混ぜる
 3 焼き上げる
 4 包装
材料
 A  B  C  D  E
```

3章 特注ケーキのお値段は？〜個別原価計算〜

指図書は注文ごとに発行されるもので、これをもとに**原価計算表**という補助資料を作成し、個別原価計算を行ないます。

製造指図書別原価計算表

指図番号	#101	#102	#103
直接材料費	100	130	110
直接労務費	150	200	220
製造間接費	120	160	150
合計	370	490	480

表に金額をあてはめていきます

この原価計算表の作成は
①指図ごとの直接費をその指図だけに負担させ、
②製造間接費を適切な基準によって各指図に配賦する、
という流れで行なわれます。

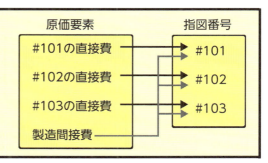

要は注文ごとに消費した金額を積み上げていくんですね

中には注文ごとの金額を把握しにくいものがあるので、それを算出するための方法がいろいろ考案されています。

この3章は次のような流れで進めていきます

3章の2〜6 …… 原価要素の特徴の説明
3章の7〜10 …… 指図別の原価を計算

まずは個別原価計算で扱う原価要素について1つずつ説明します

3章の2 … 材料費
3章の3 … 労務費
3章の4 … 経費
3章の5 … 予定価格
3章の6 … 製造間接費

ここでは2章で学んだ形態別分類と製品との関連における分類により分類された原価要素について掘り下げます。

!?

次いで、その原価要素を組み合わせたり、妥当な原価を計算するための手法を学びます

3章の7 … 指図(注文)別の原価の計算
3章の8〜3章の10 … 製造間接費の配賦方法
3章の11… 失敗した場合の原価の計算

個別原価計算は比較的イメージしやすい内容だと思います。

わかりやすい？

個 別

日曜大工や料理をする場合にそれが何円で作成できたかを考えるのと同じような発想です

ちょっと複雑なところもありますけどね

それくらいの心持ちで読み進んでみてください

注文ごとに原価を計算する
個別原価計算

　お客さんから注文を受けて、それから製品を製造する生産形態を「**受注生産**」（または注文生産）と呼びます。

　製品の例としてはビルや船舶、機械などが挙げられます。また、必ずしも1つではなく、レンチのような工具を1,000本＝1単位として注文を受ける場合もあり得ます。

　こういった生産形態における原価計算は**個別原価計算**が適しています。これは注文ごとにその原価を計算する方法を指します。3章ではこの個別原価計算を扱います。

　ちなみに受注生産に対して市場生産（見込生産）というものがあります。これは注文を受けてから作るのではなく、市場で販売できる数量を予測して生産する形態です。これについては4章で解説します。

　ここで製造における用語について軽く説明しておきましょう。
　製品の製造を開始するにあたり、**製造指図書**というものが生産管理部門などから発行されます。これは製造現場に対する命令書で、製品の種類・数量・納期などの情報が記載されています。個別原価計算はこの製造指図書ごとに原価を算出します。
　製造指図書には唯一の番号が割り振られており、これを指図番号と呼びます。

　製造指図書ごとに原価を計算するということは、同一製品であっても注文ごとにその原価が異なる可能性があるということです。同じイチゴケーキでも、今日作るものと明日作るものとでは原価が異なるかもしれません。

02 材料費

材料費とは何か形のある資源を消費した場合に生じる原価の一種です

具体的には次のようなものがあります

今のところは眺める程度でいいでしょう

材料費	直接材料費	主要材料費、買入部品費
	間接材料費	補助材料費、工場消耗品費 消耗工具器具備品費

「消費」と言っていますが使ってもなくならないものも材料費に該当します

何かを使ってたら材料費って感じですね

直接材料費となるのはその製品の主たる実体を構成するものです。
間接材料費となるのはそれ以外と考えればいいでしょう。

材料のうち消費したものが原価になるので、消費量が把握できるものはその数量を計測しておきます。

使わなかった分は資産として残ります

原料購入 → 消費 / 在庫 → 原価 / 資産

道具などは消費量を計れないので購入価格がその期間の原価とされます。

消費量の計測法は2種類あります。入出庫を記録する**継続記録法**と出庫を記録せず月末の在庫量から消費量を計算する**棚卸計算法**です。

原則は継続記録法を用います。

	継続記録法	棚卸計算法
長所	管理に役立つ	簡単
短所	面倒	管理に適さない

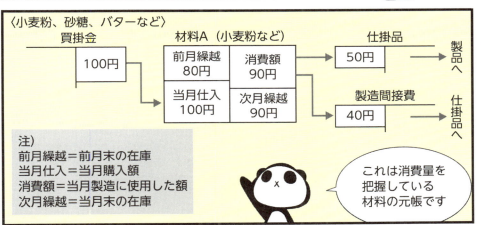
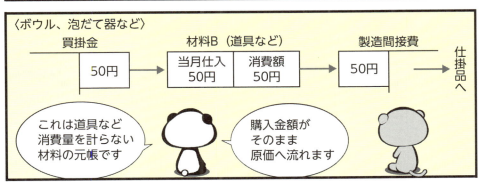

消費額を計算する方法は次のようなものがあります

個別法
総平均法
移動平均法
先入先出法

それぞれどんなものか見てみましょう

(1) 個別法

【仕入】

日付	単価	数量
6/1	100円	1個
6/5	110円	1個
6/10	120円	1個

【消費】

日付	数量
6/8	1個
6/15	1個

【消費額】

① @100円のリンゴを
　1個消費すれば
　消費額は100円

　@120円のリンゴを
　1個消費すれば
　消費額は120円

② 100円＋120円＝220円

個別法は材料1つひとつを個別に認識してそれぞれの単価でもって消費額を計算する方法です

100円　　120円

(2) 総平均法

【仕入】

日付	単価	数量
6/1	100円	1個
6/5	110円	1個
6/10	120円	1個

【消費】

日付	数量
6/8	1個
6/15	1個

【消費額】

① (100円＋110円＋120円)÷3
　＝@110円

② @110円×2＝220円

総平均法は一定期間に仕入れた材料単価の平均値でもって消費額を計算する手法です

100円　110円　120円

@110円

（3）移動平均法

【仕入】

日付	単価	数量
6/1	100円	1個
6/5	110円	1個
6/10	120円	1個

【消費】

日付	数量
6/8	1個
6/15	1個

【消費額】

① 6/8の消費については
6/1と6/5の仕入の
平均単価を使用

(100円＋110円)÷2個
　　　＝@105円
@105円×1個＝105円

② 6/15の消費については
①の平均単価105円×1個
と6/10の仕入単価120円の
平均単価を使用

(105円＋120円)÷2個
　　　＝@112.5円
@112.5円×1個＝112円

③ ①＋②＝105円＋112円
　　　＝217円

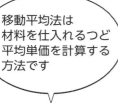

移動平均法は
材料を仕入れるつど
平均単価を計算する
方法です

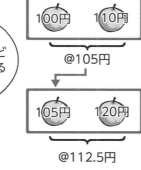

（4）先入先出法

【仕入】

日付	単価	数量
6/1	100円	5個
6/5	110円	2個
6/10	120円	3個

【消費】

日付	数量
6/8	3個
6/15	5個

【消費額】

① 6/8の消費については
6/1の仕入の単価を使用

@100円×3個＝300円

② 6/15の消費は
6/1の仕入れ(5－3)＝2個
6/5の仕入れ2個
6/10の仕入れ1個
を使用したと考える

@100円×2個＝200円
@110円×2個＝220円
@120円×1個＝120円
　合計　　　540円

③ ①＋②＝300円＋540円
　　　＝840円

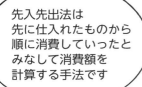

先入先出法は
先に仕入れたものから
順に消費していったと
みなして消費額を
計算する手法です

形あるものを消費すれば材料費

　材料費は物品の消費により発生する原価です。形あるものを消費すると材料費に該当します。
　ただし消費と言っても、必ずしも使ってなくなってしまうものだけではありません。<mark>泡だて器や包丁などは使ってもなくなりませんが、これらの購入金額は材料費に該当します。</mark>有形のものを使えば材料費になる、と考えて問題ないでしょう。

　材料費は細分化すると以下のように区分されます。

直接材料費	主要材料費	製品の主要な構成物となるもの（例：小麦粉、砂糖）
	買入部品費	外部から購入したものがそのまま製品に取りつけられ製品の構成物となるもの（例：メレンゲドール）
間接材料費	補助材料費	製品生産を間接的に補助し金額が重要であるから受払記録をつけて管理すべきもの（例：型に塗るバター）
	工場消耗品費	製品生産を間接的に補助し金額が僅少なので受払記録をつけて管理する必要のないもの（例：石けん、電球）
	消耗工具器具備品費	耐用年数が1年未満または金額が固定資産に計上するほど高額でないもの（例：調理器具）

　金額的に重要で、消費量を計れる材料は、その受払を記録し消費量に単価を乗じた金額を消費額として原価へ振ります。一方、受払記録をしない材料については購入金額をそのままその期間の原価とします。
　材料の種類によって受払記録を行なうか否かは次に示す通りです。

受払記録	種類
する	主要材料費、買入部品費、補助材料費
しない	工場消耗品費、消耗工具器具備品費

受払記録の方法は2通りあり、①継続記録法と②棚卸計算法が挙げられます。継続記録法は材料の受入、払出のつど記録をして絶えず帳簿残高を明らかにする方法です。事務処理が煩雑になる短所がありますが、材料管理が可能になり**棚卸減耗**を把握できる長所があります。

　棚卸減耗とは材料の保管中に生じた紛失や損壊のことで、これの発生金額を「**棚卸減耗費**」と呼びます。

　棚卸計算法は「消費量＝期首在庫量＋期中仕入量－期末在庫量」で把握する方法です。受入のみを記録し、期末における実地棚卸（現物の数量を数える）により消費量を計ります。これは事務処理が簡略になる反面、把握される消費量が推定量にすぎず、仮に盗難にあってもそれに気づくことができない短所があります。

　実務では、継続記録法と棚卸計算法の両方を併用する方法が広く用いられています。

　ところで同一の品物であっても、その購入金額は時期によって変化するものです。すると受払記録をする材料における「消費額＝消費量×単価」の算式の単価はどうやって計算すればよいでしょう。

　計算手法は下表のように複数あり、企業ごとに適した方法を選択適用できます。選択する評価方法によって同じ材料でも金額が変わります。

名称	内容
個別法	購入した材料の価格を個別に記録しておき、払い出したとき、その金額を消費額とする
総平均法	一定期間の購入金額をその数量で除した平均値で消費額を計算する
移動平均法	材料を購入するつど平均単価を計算して払い出すとき、その平均単価を用いる
先入先出法	先に購入したものから順に消費されていくと仮定して、それぞれの単価でもって消費額を計算する

03 労務費

Manpower！

労務費は
支払形態によって
このように
分類されます

労務費	賃金	直接工の直接作業賃金	直接労務費
		その他	間接労務費
	給料、雑給		
	従業員賞与・手当		
	退職給付引当金繰入額		
	法定福利費		

工員（製造現場で働く職種）は
その職務によって
直接工と間接工に区分されます。

直接工	製品製造のために直接にその加工作業を行なう工員
間接工	製品製造のために直接作業以外を行なう工員

直接労務費に該当するのは直接工の
直接作業時間（製造に直接関わる時間）
に対するものだけです。

直接工であっても間接的な
作業をすることもあります。
そのため直接工の働く時間は
その内訳を記録しておきます。

労務費は
賃金勘定で
このように
示されます

賃金

②当月支給額	①前月未払額
	④当月消費額（当月の労務費）
③当月未払額	

仕掛品

製造間接費

上記の賃金勘定の①～④と
対応する仕訳を示します

未払費用が生じる
のは給与の対象期間が
複数の月をまたぐ
からです

① 未払費用	50	賃金	50
② 賃金	200	現金	200
③ 賃金	80	未払費用	80
④ 仕掛品	120	賃金	120
製造間接費	100	賃金	100

人の労働力を消費すると 労務費

労務費は、製造において人の労働力の消費により生ずる原価です。労務費を細分化すると下表のようになります。

賃金	工員の労働力に対して支払われる給与
給料	事務職員や監督者に対して支払われる給与
雑給	バイト・パートタイマーなどに対して支払われる給与
従業員賞与・手当	賞与や住宅手当・通勤手当など
退職給与引当金繰入額	退職金に対する引当金
法定福利費	健康保険、厚生年金など社会保険料のうち会社が負担する額

例えば5月に支払われる給与の対象期間は、一般的に4月21日～5月20日です。ですが5月の労務費とされるのは5月1日～5月31日に消費された労働力です。支払われる給与と原価計算期間とのずれを修正するために労務費を意味する賃金勘定は以下のような構造になっています。

直接工の直接作業時間に時間あたり単価（賃率と呼びます）を掛けた金額が直接費、それ以外の給与などを間接費とします。間接工については作業時間の内訳を記録しないことが多く、原価計算期間における要支払額をもって消費額とし、これは間接費となります。

04 経費

経費は材料費と労務費以外の原価要素を指し

ほとんどは間接費に該当します

経費	直接経費	外注加工費、特許使用料
	間接経費	厚生費、減価償却費、賃借料、保険料、修繕費、水道光熱費、租税公課、旅費交通費、通信費、保管料、棚卸減耗費、事務消耗品費、雑費など

＊外注加工費でも間接経費に該当する場合があります

外注加工費というのは加工作業の一部を外部業者に委託しその対価として支払う金額を指します。

コーティングをお願い

OK

製造業者 → 塗布屋

外注加工費はどの製品に施したが明らかなので直接費に該当するとされます

一方、水道光熱費などはどの製品のために生じた費用かが明確ではないため間接費になります

……！

学校の宿題を代行してもらったら教科ごとの金額はわかるけど

自分で勉強した場合の電灯の電気代は教科ごとに把握不能ってことかな？

ん〜まぁ……

……勉強は自分でやらんといかんよ

冗談冗談

材料費と労務費以外のものを消費したら経費

経費は材料費・労務費以外の原価要素を消費して生ずる原価を指します。「何々を消費すると経費に該当する」という積極的な定義をしているわけではありません。そのため経費に属する勘定科目はかなり広範囲にわたります。具体的には以下の通りです。

直接経費	外注加工費	加工を外部業者に委託することで生ずる費用
	特許使用料	製品の生産に伴い生じる特許使用料
間接経費	厚生費	社員の健康診断や運動会などの費用
	減価償却費	工場の建物や機械などの減価償却費
	賃借料	機械や設備などの賃借料
	保険料	工場の建物などに対する保険料
	修繕費	工場の建物・機械・設備などの修繕費
	電力料・ガス代・水道料	工場の水道光熱費
	租税公課	固定資産税・印紙税・自動車税など
	旅費交通費	工場勤務者の出張旅費など
	通信費	電話料金、郵送料金など
	保管料	製品などの保管を委託している場合の費用
	棚卸減耗費	材料の保管・運搬中に生じる破損など
	事務用消耗品費	工場で使用する事務用品費
	雑費	適当な費目にあてはまらないもの
	⋮	⋮

経費のうち直接費に該当するものはかなり限定されています。
ちなみに事務用消耗品費は物品を消費していますが、重要性の観点（金額が少額）から経費に分類されています。

05 消費額に予測値を使う

リンゴは@100円に決めた！

材料などの消費額は実際に消費した金額で考えるのが原則です

？ そりゃそうでしょ

ところがどっこい

100円で買ったものを消費すれば消費額は100円

実際の金額ではなくあらかじめ予測した単価で計算する場合もあるのです

予測した？？？？？

例えば次の材料で総平均法を採用している場合、6月の材料消費額は220円になります

【仕入】

日付	単価	数量
6/1	100円	1個
6/15	110円	1個
6/30	120円	1個

＊仕入単価
(100円+110円+120円)÷3＝@110円

【消費】

日付	数量
6/8	1個
6/14	1個

＊消費額
@110円×2＝220円

しかし消費時の単価を100円と予測し計算した場合、

消費金額
@100円×2個
＝200円

消費額は200円になります

この予測した単価のことを**予定価格**と呼びます。

予定価格は実際の単価と異なる可能性がありますが、まずはこれを用いて原価を計算します。

今回の例では実際に消費した金額は220円のはずなのに消費額（原価になる金額）は200円ということになります

え？そんなのでいいの？

そうする利点があるからですね

① 製造原価が価格変動の影響を受けない
② 作業の迅速化・簡略化になる

まずは①の価格変動の話です

消費単価に予定価格を利用するとこのようなメリットがあります

材料などの価格は常に一定ではありません。
季節による生産量の変動などさまざまな要因によってその価格は変動します。

リンゴ
4月 100円

リンゴ
8月 130円

すると同じものを同じ量だけ消費してもその消費額に差異が生じてしまいます。

同じ製品を作ってもその製造時期によって原価に差異が生じるわけです。

アップルパイ
4月　原価200円

アップルパイ
8月　原価230円

これは間違いではないのですが製品の儲ける力（利益率など）を考える場合、不都合があります。

材料や製造方法が変化したわけでもないのに時期によって利益率が変化してしまうのです。

当然のことながら利益率は高いほうがいい。

もし下がるのであれば改善するよう努力するのですが、その原因が外部要因であればどうすることもできません。

上げろ！

経営者
工場長

利益率が下がった！
⬇
製造に原因があるんじゃないか？
⬇
製造部門は理不尽を感じる

こういう錯誤が生じてしまうのです

そんな誤解をなくすために原材料などの消費額に仮の単価を設定し、**外部要因を排除する**というのが予定価格の長所の１つです。

3章　特注ケーキのお値段は？〜個別原価計算〜

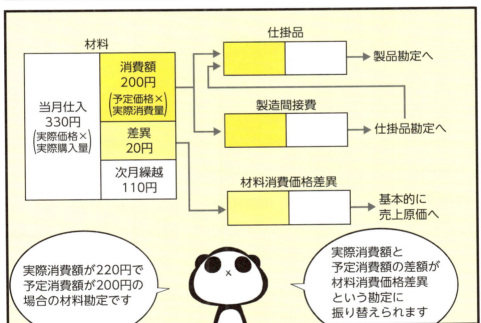

と、ここまでは消費時に予定価格を用いる話でしたが……

材料については受け入れ時点（購入時）で予定価格を用いることがあります。

120円ね
100円を予定してた

買った時点で予算と実績との差額を認識するってことですね

実績　120円
予算　100円
差額　　20円

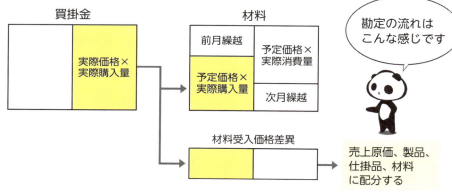

勘定の流れはこんな感じです

売上原価、製品、仕掛品、材料に配分する

こんなことをする理由は、材料の購入時に予定価格を用いたほうが材料管理に役立つと考えられるからです。

そして材料の購入は購買部の責任です。

その責任や購買活動の良否を明確にするという意味合いもあります。

予定よりも高く買うことになったとかね

この受け入れ時の差異は**材料受入価格差異**（ざいりょううけいれかかくさい）と呼ばれ、最終的にこれは売上原価と棚卸資産に付加されます。

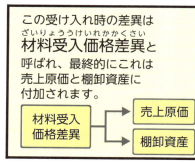

実際額と予定額との差額は原則売上原価になりますが、

この材料受入価格差異だけは消費以外の部分の差異を含んでいるので期末材料にも相当分を負担させます。

軽く知っておいてください

予測した金額を用いれば効率的に計算できる

　材料費、労務費、経費の消費額（厳密に言うと直接費）は実際に生じた金額を用いるべきですが、場合によっては予定価格、つまり予測した金額を用いてもよいとされています。材料費であれば「予定単価×実際消費量」、労務費なら「予定賃率×実際作業時間」といった計算式で消費額が計算できます。

　例えば、価格が90〜130円と変動するリンゴの予定価格を@110円と設定して、5個を消費したなら@110円×5個＝550円が消費額となります。しかし、最終的には実際の消費額が損益に反映されるので実際額と予定額との差額（原価差異と呼びます）はどこかで調整しなければいけません。その調整は原則として売上原価への加減算で行なわれます。もし、実際消費額が580円だったなら「580円－550円＝30円」を売上原価に加算することになります。予定価格が不適当なため、原価差異が比較的多額になる場合は、売上原価と期末における棚卸資産に配賦します。

　予定価格を用いるメリットは次の2つが挙げられます。
　①材料の価格変動といった外的要因による影響を製造原価から排除することができます。今月の製品1個あたりの材料実際消費額が先月よりも高くなった場合、その原因が仕入価格の影響によるものなのか原因分析が可能となります。
　②記帳事務が簡略化・迅速化されます。これは数量や作業時間さえわかれば消費額が計算できるからです。
　仮に材料の消費額の計算方法として総平均法を採用するなら、その1か月が終了して、はじめて仕入価格の平均値を算出できます。**このデータ収集や計算が終わらなければ製造原価の計算を開始できないという短所を予定価格を利用することで解消できます。**

06 製造間接費勘定

「直接関連づけられない原価の扱い」

「関節？」

ものを作ると間接費という複数の製品にまたがって発生する原価が生じます

間接材料費
間接労務費
間接経費

原価の計算上、間接費については材料費、労務費、経費の区分をせず、**製造間接費**という1つの原価とみなして考えるのが一般的です

間接材料費　間接労務費　間接経費
↓
製造間接費

製造間接費も最終的にはいずれかの製品に負担させなければいけません。

そのためには何らかの基準により分配する必要があります。

製造間接費
↓
製品A　製品C
製品B

基準となるのは労働時間や稼働時間などさまざまです。

労働時間　　稼働時間

例えば1,000円の電力費をオーブンの使用時間を基準に2種類のケーキに割り振る。そんなイメージです。

電力費 1,000円
↓
400円　600円
ケーキA（2時間）　ケーキB（3時間）

実際に生じた間接費を配賦する
これを**実際配賦**と呼びます

実際配賦は最も単純でわかりやすいのですが、個別原価計算において製造間接費の配賦は原則として**予定配賦**を用います。

予定配賦

予定配賦（正常配賦とも呼びます）とは、あらかじめ製造間接費の予算を立てておき、それにもとづいて配賦額を決定する手法を指します。

？？

3章の5で予定価格の話をしました

あれと似たような内容です

ただし

あれは直接費に対するもので原則は実際消費額を用いるということでした。

ですが間接費の場合は **予定額を使うのが原則** となっています。

何で？

それは実際消費額を用いることに重大な欠点があるからです

間接費の実際消費額

例えば間接費である賃借料が月に1,000円生じるとしましょう。

そしてケーキを4月に10個作り、5月には2個作ったとします。

配賦基準を個数としてこの場合、ケーキ1個あたりの賃借料はいくらになるでしょう？

4月

5月

4月：1,000円÷10個 ＝ 100円/個
5月：1,000円÷ 2個 ＝ 500円/個

こんなふうになります

これを見て何か違和感はありませんか？

全く同じケーキを作っているのに作る月によってその原価がかなり違ってくる

何か変じゃありません？

あ〜

100円/個　　500円/個

これは固定費と生産量による影響です。

賃借料のような毎月一定額生じる固定費を毎月の生産量で除算すると生産量の増減の影響をもろに受けてしまいます。

季節によって生産量が増減する製品もあるからね

飲食品
衣料品
空調機器
など

製造間接費の中には固定費に該当するものが多く含まれています。

なのでこの影響が大きいのです。

同一製品の原価は年間を通じて似たような金額であるべきです。そうでなければ適切な売価を決定できません。

売価を毎月変更するのは現実的ではないからね

これは1か月間という短い期間での生産量を用いて固定費の割り振りをするから製品1個あたりの負担額が月ごとに変動してしまうのです。

だったら1年間の生産量で製品1個あたりの負担額を計算すれば、毎月の生産量の変動に左右されることはありません

1年間の製造間接費
÷
1年間の生産量
＝
予定配賦率

実際にこの予定配賦率を計算する手順を見てみましょう

この算式で得られる率を**予定配賦率**(よていはいふりつ)と呼びます

まずは年間でどの程度工場が動くのかを決めます。

製品の予想生産量から機械運転時間や直接作業時間を計算します。

この配賦基準の数値を**基準操業度**(きじゅんそうぎょうど)と呼びます。

年間100個くらい作る？

240時間かかる？

予想生産量の計算には複数の考え方がありますが、これは企業ごとに適切なものを選択します。

実現可能なレベルにしようかな

次に製造間接費の変動費と固定費の年間予算額を決定します。

	変動費	固定費
間接材料費	15円/時間	2,000円
間接労務費	−	1,500円
間接経費	10円/時間	1,300円
合計	25円/時間	4,800円

＊100個を240時間で作る前提です

これで予定配賦率の計算ができます

予定配賦率＝変動費率＋固定費率

$$= 25円/時間 + \frac{4,800円}{240時間}$$

＝25円/時間＋20円/時間

＝45円/時間

この予定配賦率でもって
製品を作り、1か月の実績が
下表の通りであった場合を
考えましょう。

①直接作業時間（時間）

ケーキA	ケーキB	合計
8	10	18

②1か月の予定作業時間：20時間

③製造間接費実際発生額

変動費	500円
固定費	380円

それぞれのケーキに
配賦される製造間接費は
予定配賦率を用いるので
次のように計算されます

製造間接費(円)

ケーキA：45×8＝360円

ケーキB：45×10＝450円

合計：360＋450＝810円

この予定配賦率で
計算した金額が
製品の原価に
つながります

810円⇒仕掛品⇒製品

しかし、この例で実際に生じた
製造間接費は
500＋380＝880円です。

予定配賦で計算した810円と
差が生じてしまいます。

この差額は基本的にのちに
売上原価に振り替えられます。

製造間接費

実際発生額 880円	予定配賦額 810円
	差額 70円

さらにこの差額が
どういう理由で生じたのかを
分析して(差異分析と呼びます)
修正することで
製造間接費の管理に
役立てることができます。

差異分析には
次の図がよく
利用されます

この図は操業度に比例して変動費、
固定費が増加する図になっています。

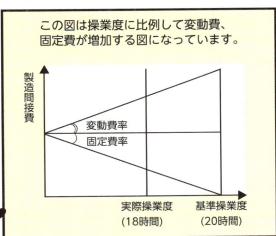

3章 特注ケーキのお値段は？〜個別原価計算〜

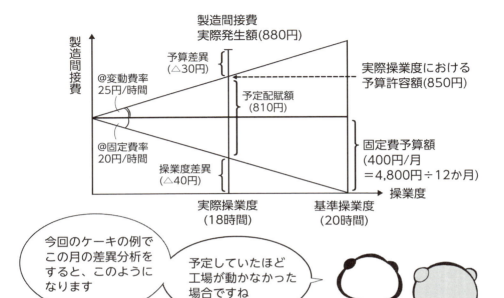

今回のケーキの例でこの月の差異分析をすると、このようになります

予定していたほど工場が動かなかった場合ですね

実際発生額と予定配賦額の差異は次の2種類に分類されます。

予算差異：原価の節約や浪費が原因の場合が多い。実際操業度における予算許容額と実際発生額との差額を示す。

操業度差異：予定した基準操業度通りの操業を行なわなかったことにより生じる差異。

こういった原因が明らかになれば次から対策を立てられるわけです

それぞれの計算式は次の通りです

予算差異＝(変動費率×実際操業度＋固定費予算額)－実際発生額
　　　　＝(25×18＋400)－880＝△30円

操業度差異＝固定費率×(実際操業度－基準操業度)
　　　　　＝20×(18－20)＝△40円

この式は丸暗記せず上図を描いたほうが計算しやすいです

＊△はマイナスの意です

製造間接費を配賦する方法

　間接材料費、間接労務費、間接経費は「**製造間接費**」として1つにまとめて計算に用います。

　製造間接費は特定の製品製造に関わらせることができないため、何らかの方法で配賦しなければいけません。それは、例えば数量や作業時間といった数値を基準として配賦されます。このような基準を「**配賦基準**」と呼び、その種類は以下のようなものがあります。

価値的基準	直接材料費基準
	直接労務費基準
	直接材料費＋直接労務費基準
物量基準	生産量基準
	重量基準
	直接作業時間基準
	機械作業時間基準

　字面から何となく意味はわかると思います。これらはいずれも操業度（経営活動の量）に左右されるものです。これらと製造間接費は何らかの因果関係があります。

　次に製造間接費を配賦する場面を考えましょう。
　製造間接費を各指図書に配賦する方法は、①**実際配賦**（実際に発生した金額を配賦する）と②**予定配賦**（あらかじめ予算を立てておき、それにもとづいて配賦する）の2通りがあります。原則は予定配賦が用いられます。その理由は、実際配賦には次の欠点があるからです。

　1）実際発生額をすべて把握するまで配賦ができないため計算が遅れる。
　2）操業度の変動に製品1個あたりの製造原価が著しく影響される。

１）の理由はそのままです。
２）は製造間接費が変動費と固定費から構成されているからです。

　製品１個あたりの固定費部分の負担割合は操業度に大きく影響されます。仮に不況で生産量が落ちれば製品１個あたりの負担が増え、それに対応して売価を上げるとさらに製品が売れなくなってしまうという誤った判断を引き起こしかねません。
「実際配賦のこの弱点は、安定的成長を求める経営者の意思に反してしまうのではないか？」という疑問が 20 世紀初頭に持ち上がりました。

　固定製造間接費の本質を振り返ってみると、それは生産能力の維持費です。１か月間に製品 100 個を生産できる規模の設備と 1,000 個を生産できる設備とでは、生じる固定費が異なるはずです。当然ながら設備はその生産能力に見合った生産を見越した上で設計されているので、この固定費と関連があるのは通常生産されるべき数量（正常生産量と呼びます）です。ですから月々変動してしまう実際生産量よりも、正常生産量をもって配賦するほうが適切であると言えます。

　つまり、年間の製造間接費と操業度の予測値を設定しておき、その配賦率（固定費÷操業度＝予定配賦率）を実際の操業度に乗じて毎月の製造間接費を計算すれば先の問題は解決できるのです。

　以上より「予定配賦額＝予定配賦率×実際操業度」となり、これをもって製品の原価を計算します。これと実際発生額との差額（**原価差異**と呼びます）は原則として売上原価に賦課されます。

　予定価格を用いるのはあくまで妥当な原価を計算するためであり、会計的に損益のマイナス項目となるのは相変わらず実際発生額です。ですから予定配賦額を実際発生額に合わせる調整が必要なのです。

製造間接費に予定配賦を採用する場合、年間の予算を立て、年間の操業度を予測します。操業度には次のように複数の考え方があります。

基準操業度	内容
理論的生産能力	操業が全く中断されることのない理想的な状態で達成される操業水準。理論上の数字にすぎず、実現不能。基準操業度として選択されることは少ない。
実際的生産能力	理論的生産能力から機械の故障や準備時間、休暇など不可避的な休止を差し引いた操業水準。 生産面のみに着目した実現可能な最大操業水準。 製品の販売可能性など営業面を考慮していない。
平均操業度	生産と販売の長期的バランスを考慮した操業水準。季節変動や景気の動向を加味した平均を用いる。
期待実際操業度	次の1年間に予想される操業水準。 景気の変動によって実際的生産能力に近づいたり、平均操業度を下回ったりする。

　どれを選択するのが一般的なのかは、その時代背景によります。
　19世紀初頭のアメリカにあっては生産能力をフルに活用する実際的生産能力が正常でした。しかし、現在では景気の変動が激しいため、直近の予想にもとづいた期待実際操業度を採用する企業が多いようです。

07 個別原価計算の具体例

原価要素の話が終わったところで

個別原価計算の中で最も単純な例題を考えてみましょう

指図別に原価を計算する例を見てみましょう

少し文章量が多いですが必要最低限な情報だけを載せていますのでゆっくりじっくり読んでみてください

例．次の資料を元に8月の製造指図別原価計算表を作成し、
　　仕掛品勘定及び製品勘定を記入してください。
（資料）
1．8月の製造指図書別の直接材料消費量及び直接作業時間は次の通りであった。

指図No	#701	#801	#802	合計
直接材料消費量（g）	100	300	250	650
直接作業時間（時間）	1	2	2.5	5.5
備考	7/27 着手 8/16 完成 8/20 販売	8/8 着手 8/27 完成	8/25 着手 8/31 仕掛中	

2．直接材料の当月実際消費単価は5円/g、
　　労務費の当月実際消費賃率は850円/時間だった。
3．製造間接費550円は直接作業時間を基準に配賦する。
4．指図No #701は7月に製造着手したもので、7月中に集計された原価は
　　直接材料費50円、直接労務費100円、製造間接費20円だった。
5．7月末での製品在庫はなかった。

	#701	#801	#802
月初仕掛品原価			
直接材料費			
直接労務費			
製造間接費			
合計			
備考			

問題の資料からこの原価計算表に金額を入れます

そしてこれを元に仕掛品、製品勘定を完成させます

まず今月消費した直接材料費ですが
それぞれの指図の消費量×単価で
計算します（資料1と2より）。

#701	#801	#802
100	300	250
×	×	×
5円	5円	5円
=	=	=
500円	1,500円	1,250円

直接労務費も同様に
作業時間×賃率で計算します
（資料1と2より）。

#701	#801	#802
1	2	2.5
×	×	×
850円	850円	850円
=	=	=
850円	1,700円	2,125円

製造間接費は配賦基準を直接作業時間と
しているので550円をこれで按分します。
1時間あたりの製造間接費は
550円÷5.5時間＝100円（資料1と3より）。

#701	#801	#802
1	2	2.5
×	×	×
100円	100円	100円
=	=	=
100円	200円	250円

7月から繰り越された仕掛品は
#701だけですので
月初仕掛品原価に数字が
入るのは#701だけです。
資料の4に記載されている
金額の合計値が入力されます。

7月末に
仕掛品として
残っていた分だね

	#701	#801	#802	合計
月初仕掛品原価	170	0	0	170 (a)
直接材料費	500	1,500	1,250	3,250 (b)
直接労務費	850	1,700	2,125	4,675 (c)
製造間接費	100	200	250	550 (d)
合計	1,620	3,400	3,625	8,645
備考	(e)	(f)	(g)	

以上から結果は
左のようになります

8月中に完成したのは
#701と#801なので
これらの金額が製品に
振り替えられ、

当月中に販売されたのは
#701だけなので
売上原価にこの金額が
振り替えられます

仕掛品

(a)前月繰越	170	製品	5,020 (e)+(f)
(b)材料	3,250	次月繰越	3,625 (g)
(c)賃金	4,675		
(d)製造間接費	550		

↑ 当月末に仕掛品として
残っているもの

製品

(e)+(f)仕掛品	5,020	売上原価	1,620 (e)
		次月繰越	3,400 (f)

↑ 当月末に製品として
残っているもの（販売されていないもの）

製造指図別原価計算表を作成するときのポイント

　個別原価計算は指図別に直接材料費、直接労務費、直接経費、製造間接費を集計することで行なわれます。

　それぞれの原価要素の金額はその単価×実際消費量で計算できます。
　この金額を指図ごとにまとめた表を「**製造指図別原価計算表**」と呼びます。
　簿記検定でも、この表の作成や仕掛品勘定・製品勘定の作成を求められることがあります。

　この項では、わかりやすくするために材料費、労務費、製造間接費の単価はあらかじめ設定しています。ですから、「単価×実際消費量」の計算さえすれば原価計算表はほぼ完成します。

　ですが、少し注意が必要です。
それは、仕掛品・製品の処理の時期です。
製造を開始した時期、完成した時期、販売された時期。
　これが重要です。

　例題の表中の備考欄には、その指図が何月に製造を開始し、何月に完成し、販売されたかが示されています。
　もし前月に製造が開始されていれば、当月の仕掛品勘定の前月繰越として当該指図の前月末の評価額が記載されます。逆に当月に完成していなければ当月の仕掛品勘定の次月繰越として記されます。当月に完成していれば、その原価は仕掛品勘定から製品勘定へ振り替えられます。もし完成品が当月中に販売されていれば、製品勘定から売上原価勘定へ振り替えられます。
　月初仕掛品の原価は文章で説明されているので、これらを見落とさな

いように原価計算表へ書き込みます。

　ちなみに、今回の例題では直接経費が出ていません。

　これは直接経費の種類が極めて少ないため、実際に直接経費が存在しない製品も珍しくないからです。簿記検定の問題でも、直接経費が問題文に与えられないことがあります。

　ここで少し蛇足的な話をしましょう。簿記検定の話です。

　工業簿記、原価計算の問題文はどうしても情報量が多くなってしまいます。読むだけで疲れてしまいそうです。ですが、基本的に問題文というのは、必要な情報しか載っていません（たまに紛らわしい情報が混ざっていることもありますが）。問題文は答えを前提として作成されているので、答えを導き出すために必要な情報で構成されていると考えるのが自然です。

　これを踏まえた上で、長い問題文を読んでも疲れないようにするコツを紹介しましょう。それは、「事前に必要な情報が何なのかを知っておくこと」です。

　例えば、次のような問題が出題されたらどうでしょう。

　問．底辺5㎝の三角形の面積を求めなさい。

「高さは何㎝なんだよ？」と言いたくなります。

　それは「三角形の面積＝底辺×高さ÷２」という公式を知っているからです。この問題文に続きがあって、「高さは10cmです」という記述があれば、解答者は「よしよし」と思いこそすれ、「え！？　高さ？　何それ」と頭が混乱することはないはずです。

　人は予期している情報に遭遇しても困惑することはありません。理解できない情報に直面したときに頭がこんがらがる（疲れる）のです。

　ですから事前に問題を分析し、解答に必要な情報が何なのかを知っておくことが重要です。

08 部門別計算① 製造間接費を正確に配賦する

原価の計算を正確にしたいから

今回はその製造間接費の話

どうやったらうまく配賦できるのかです

製造間接費をいかに正確に配賦できるかが原価計算のキモです

原価計算のさまざまな手法は製造間接費の配賦の正確さを追求するために開発されてきたと言っても過言ではないでしょう。

3章の7の製造間接費は直接作業時間を基準として配賦をしました

これ、もう少し正確にならないかなぁと考えてみます

	#701	#801	#802
作業時間	1	2	2.5

100円　200円　250円

製造間接費 550円

この項で扱う内容を端的に言うと、**場所別**に製造間接費を集計してそれぞれの配賦基準でもって配賦をすることで正確さが向上させることです。

場所①	場所②	場所③
間接費 直接費	間接費 間接費	間接費

これまでは材料などを消費し1回の加工で製品ができる、という前提で考えてきました。

材料　→　
労力　→　加工　→　製品
その他　→

しかし実際には
1つの工程で完成する製品は少なく、むしろ複数の工程を経るほうが多いでしょう。

材料等 → 加工① → 加工② → 製品

場所別というのはこのような加工工程の種類の区分を指します。
個別原価計算ではこの単位を**部門**と呼びます。

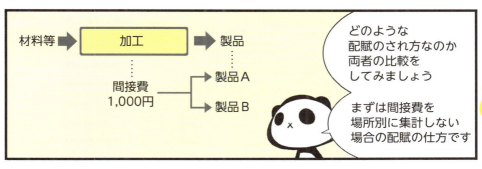

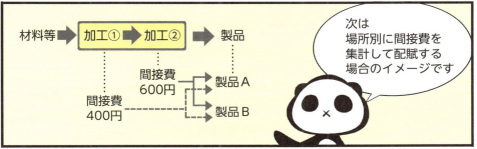

加工工程（部門）ごとに消費する材料や時間は異なるはずです。

つまり部門ごとに生ずる製造間接費の金額は異なりその適切な配賦基準も異なるはずなのです。

例えば「混ぜ部門」と「焼き部門」の2つがあるとしましょう。

それぞれの配賦基準は混ぜ部門は作業時間、焼き部門は稼働時間としてその間接費の金額と配賦基準の数値を右表とします。

（時間）

	#701	#801	#802	合計
作業時間（混ぜ）	0.5	0.5	1	2
稼働時間（焼き）	1	1.5	2.5	5

焼き部門は機械が動いた時間を基準にしています

	製造間接費
混ぜ部門	200円
焼き部門	350円

それぞれの配賦基準にしたがって配賦をすると次のように金額が配賦されます

単位：円

	#701	#801	#802	合計
混ぜ部門	50	50	100	200
焼き部門	70	105	175	350
合計	120	155	275	550

＊1時間あたりの間接費は、
　混ぜ部門：200円÷2時間＝100円/時間
　焼き部門：350円÷5時間＝70円/時間

部門を分けなかった場合と分けた場合を比較すると指図ごとの原価は異なります。

配賦方法が異なるのでこれは当然のことです。

指図別の製造間接費　単位：円

部門の区分	#701	#801	#802
なし	100	200	250
あり	120	155	275

部門別に集計するほうがより実態に沿った配賦をしていると考えられ、正確な原価の計算がなされていると言えます。

このような場所別に原価を集計する手法を**部門別計算**と呼びます

部門をもっと細かくしたらもっと正確になるのかお？

ある程度はそうだろうね

費目別計算 ▶ 部門別計算 ▶ 製品別計算

でも細分化するとそれだけ作業が煩雑になり実務上大変なんですね

なので手間と効果の兼ね合いでしょう

手間　効果

さて、部門別計算をするためにはそもそも製造間接費を各部門ごとに集計しなければなりません。

この集計にもひと手間が必要になります。

この金額を得るために

	製造間接費
混ぜ部門	200円
焼き部門	350円

というのも どの部門に属するのかが不明瞭な製造間接費があるからです。

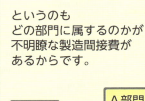

例えば泡だて器は混ぜ部門だけでしか使用しないので混ぜ部門に属する製造間接費です。

ですが、建物の減価償却費や工場の工場長の給与は複数の部門に共通して生じる間接費です。

複数の部門にわたって生じる間接費はやはり何らかの基準で配賦をしなければいけません。

建物の減価償却費ならその部門の専有面積などを基準にします

部門ごとの間接費を集計する段階でも配賦計算をするということです

特定の部門のみで生じた製造間接費を**部門個別費**と呼び、

複数の部門にわたり生じる製造間接費を**部門共通費**と呼びます。

2段階で配賦計算をするってこと？
そうだね

部門別計算による原価の流れは下図のようになります

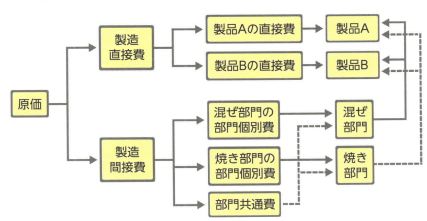

3章 特注ケーキのお値段は？〜個別原価計算〜

部門別計算で正しく分配する

　製造間接費。これは特定の製品に関連づけられない原価です。
　複数の製品（指図）にまたがって発生していると考えられ、何らかの方法で配賦（分配）しなければいけません。
　この配賦を正確に行なうための手法が部門別計算です。
　その仕組みを考えてみましょう。

　例えば、息子の学力不足が気になった山田さんは家庭教師を2人雇うことにしました。3か月間の学習で前回の試験から下表のように成績が改善されました。山田さん一家、成績アップに満足しています。

	家庭教師導入前	家庭教師導入後	差異
国語	70点	80点	10点
数学	65点	85点	20点
理科	75点	90点	15点

　大したものだ、山田さんはそう思いながら家庭教師の費用対効果がどんなものかを考えてみました。2人の家庭教師による学習時間は総計80時間でした。1時間あたり授業料が平均3,000円として3,000円×80時間＝240,000円。各教科の1点あたりの費用は次の通りです。

	授業時間	費用	1点あたり
国語	20	60,000円	6,000円
数学	40	120,000円	6,000円
理科	20	60,000円	4,000円

　うん、高い（笑）。

しかし、実は2人の家庭教師（Aさん、Bさん）の受け持った教科とその時間配分、各々の時給は異なっていました。それをまとめると下表のようになります。

	Aさん　40時間　時給2,500円		Bさん　40時間　時給3,500円		合計	1点あたり
	授業時間	費用	授業時間	費用		
国語	0		20	70,000円	70,000円	7,000円
数学	40	100,000円	0		100,000円	5,000円
理科	0		20	70,000円	70,000円	約4,666円

　この計算ではAさんとBさんに要した金額を別々に集計して、そこから各教科に対する費用を割り振っています。これが部門別計算に相当します。A部門とB部門です。
　一方、先の計算では家庭教師AさんBさんに対する報酬をまとめて、それから各教科へ分配しています。
　この2種類の計算のうち、より正確な計算をしているのは、AさんとBさんに対する費用を別々に集計してから各教科に配賦する方法です。

　部門個別費と部門共通費の考え方も家庭教師Aさん、Bさんで考えてみましょう。AさんとBさんに対する報酬が部門個別費に相当します。家庭教師にはお茶菓子を出したりもします。これを部門共通費と考え、Aさん、Bさんの体格や食べ物の好みなどで配賦を行ないます。
　こうして各人に対する授業料＋お菓子代が決まって、そこからどの教科にどれだけの時間を費やしたかを配賦基準として金額の割り振りを行ないます。このような手法により製造間接費を正確に分配することができると考えられます。
　……厳密に言うと、家庭教師代は間接費とは言えませんが、部門別に集計することで得られる効果の例示としてご容赦ください。

09 部門別計算② 補助部門の配賦

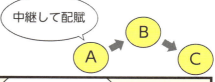
中継して配賦

さっそく部門を考えてみたお
おっ 仕事が早い
混ぜ部門
焼き部門
洗い部門

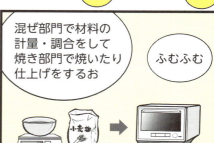
混ぜ部門で材料の計量・調合をして焼き部門で焼いたり仕上げをするお
ふむふむ

洗い部門は混ぜ部門と焼き部門で使った調理器具を洗浄するお仕事だお
ほうほう

じゃあ洗い部門は直接には製造に関わらないんだね
まぁそうだお
洗い
材料等 ➡ 混ぜ&焼き ➡ ケーキ

そうすると洗い部門の費用の配分には一工夫が必要になるね
？

製造間接費の部門別計算はその部門がその製品にどれだけ関わったかを基準にして費用の負担を計算します。

配賦基準

作業時間とか消費電力とかね

ふむ

でもこの洗い部門は製品との直接の関わりがないわけで
「このケーキのために洗い部門が2時間働いた」とかは計測できないよね
うん、それは無理だお

つまり洗い部門の費用を製品に配賦するための基準が存在しないってことなんです。

洗い部門

いい加減に分配するわけにもいかないし、どうにか適切に配賦できないかな〜と考えます

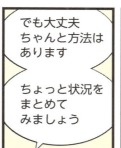
でも大丈夫 ちゃんと方法はあります

ちょっと状況をまとめてみましょう

状況①
洗い部門からケーキへの配賦基準はありません。
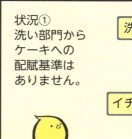

状況②
洗い部門から混ぜ部門と焼き部門への貢献度合いはわかります。

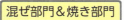
洗った量は計れるからね

状況③
混ぜ部門と焼き部門のケーキ製造の作業時間はわかります。

ここまで見て「ん？」と思いませんか？

……？

洗い部門からケーキへの配賦はできませんが、混ぜ部門、焼き部門を介すればできそうじゃありませんか？

洗い部門のように製品との間に直接の関わりを持たない部門の費用は**関わりがある部門を経由**することで間接的に製品に配賦することができるのです。

製品の製造に直接携わる部門を**製造部門**と呼び、製造に直接には関わらない部門を**補助部門**と呼びます。

3章 特注ケーキのお値段は？〜個別原価計算〜

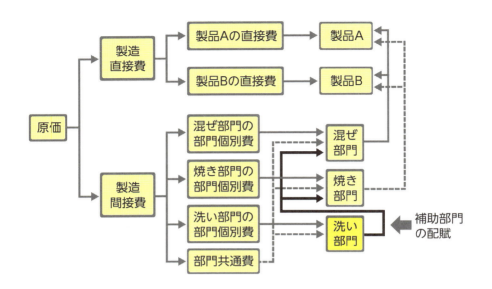

原価の流れを図示すると上図のようになります

製造間接費が各部門の個別費と共通費に分類されそこから各部門へ集約されます

間接費を部門ごとに集計
⬇
補助部門から製造部門へ
⬇
製造部門から製品へ

次いで補助部門である洗い部門の費用が製造部門である混ぜと焼き部門に配賦されています

少し計算量が増えてしまうのですがこういう手順を採ることでより正確な原価を算出できるようになります。

今回の例では補助部門は1つしかありませんが実際の現場では複数の場合もあり得ます。

補助①　補助②　補助③

そんなときは、補助部門間で配賦をする方法も考えられます
次項で説明します

正確さを高めるためいろいろ工夫をしているんですね

製造に直接関わらない部門の製造間接費の配賦

　部門は製品製造に直接関わるか否かによって2種に分類されます。直接関わる部門を「**製造部門**」、そうでない部門を「**補助部門**」と呼びます。

　製造部門としてよく挙げられる例として、切削部門や組立部門があります。これらは製品の加工に直接従事する部門です。補助部門には事務部門や動力部門などが挙げられます。これらは、ほかの部門の活動を補助するためにその用役を提供しています。

　補助部門の製造間接費は製品との関連がありません。つまり製品に対する配賦基準を持ちません。ということは製品への配賦ができないのです（配分の比率がわからない）。しかし、発生した原価は必ず製品、仕掛品へ転嫁されなければいけません。

　ではどうするのか？

　よくよく考えてみれば、補助部門はその働きを製造部門へ提供することで製造に役立っているのです。そして、その製造部門には製品に対する配賦基準があります。
　補助部門は製造部門に対する配賦基準を持ち、製造部門は製品に対する配賦基準を持つ。
　だったら、①補助部門から製造部門へ配賦して、②製造部門から製品へ配賦する、という方法を採用することで問題を解決できるのではないでしょうか。
　製造部門を経由することで補助部門の間接費を製品へ配賦する。これが補助部門の間接費を合理的に分配する方法なのです。

部門別計算③
10 補助部門が複数ある場合

補助部門が複数ある場合を考えてみましょう

補助① 補助② 補助③

製造部門：混ぜ部門、焼き部門
補助部門：洗い部門、事務部門、修繕部門

事務部門は事務作業を、修繕部門は設備のメンテナンスをします

補助部門の用役授受の状況は次の通りだとします

○がある部門に貢献していると考えてください

		用役の提供先				
		混ぜ	焼き	洗い	事務	修繕
提供元	洗い	○	○			
	事務	○	○	○		○
	修繕	○	○	○	○	

＊用役＝サービスと考えてください

このように補助部門が複数あり、それぞれで貢献している場合には配賦の仕方が3通り考えられます

①直接配賦法（ちょくせつはいふほう）
②相互配賦法（そうごはいふほう）
③階梯式配賦法（かいていしきはいふほう）

これからの例示には数字が多く出てきますがちょっと我慢してください

①直接配賦法

直接配賦法は補助部門間の用役の授受を一切無視して補助部門から製造部門への配賦のみを考慮します。

補助部門
↓
製造部門

これは3章の9で説明した内容と同じです

具体的な数字で見てみましょう

	製造部門		補助部門			
	混ぜ	焼き	洗い	事務	修繕	合計
部門費	3,000	5,000	1,500	1,500	2,000	13,000
(配賦基準)						
洗い物量	100	50				150
従業員数	2	1	2	1	1	7
修繕時間	20	20	5	5		50

直接配賦法では製造部門の数字のみで按分します

	製造部門		補助部門			
	混ぜ	焼き	洗い	事務	修繕	合計
部門費	3,000	5,000	1,500	1,500	2,000	13,000
洗い	1,000	500				
事務	1,000	500				
修繕	1,000	1,000				
間接費	6,000	7,000				13,000

洗い部門：1,500÷(100+50)=10
　混ぜ部門：10×100=1,000
　焼き部門：10×50=500

事務部門：1,500÷(2+1)=500
　混ぜ部門：500×2=1,000
　焼き部門：500×1=500

修繕部門：2,000÷(20+20)=50
　混ぜ部門：50×20=1,000
　焼き部門：50×20=1,000

例えばこの表では計算例はこのようになります

直接配賦法では製造部門のみへの配賦の計算を行ないます

②相互配賦法

相互配賦法は補助部門間の用役の授受を考慮して配賦計算を行ないます。
簡便法と純粋な方法の2種がありますがここでは簡便法を扱います。

簡便法では2回の配賦を行ないます。

一次配賦では全部門に対して配賦し、二次配賦で製造部門だけに配賦します。

	製造部門		補助部門			合計
	混ぜ	焼き	洗い	事務	修繕	
部門費	3,000	5,000	1,500	1,500	2,000	13,000
(配賦基準)						
洗い物量	100	50				150
従業員数	2	1	2	1	1	7
修繕時間	20	20	5	5		50

	製造部門		補助部門			合計
	混ぜ	焼き	洗い	事務	修繕	
部門費	3,000	5,000	1,500	1,500	2,000	13,000
(一次配賦)						
洗い	1,000	500				
事務	500	250	500		250	
修繕	800	800	200	200		
一次小計	5,300	6,550	700	200	250	13,000
			(a)	(b)	(c)	
(二次配賦)						
洗い	467	233				
事務	133	67				
修繕	125	125				
間接費	6,025	6,975				13,000

【一次配賦】

洗い部門：1,500÷150＝10
　混ぜ部門：10×100＝1,000
　焼き部門：10×50＝500
事務部門：1,500÷(7－1)＝250
　混ぜ部門：250×2＝500
　焼き部門：250×1＝250
　洗い部門：250×2＝500
　修繕部門：250×1＝250
修繕部門：2,000÷50＝40
　混ぜ部門：40×20＝800
　焼き部門：40×20＝800
　洗い部門：40×5＝200
　事務部門：40×5＝200

【二次配賦】

(a)
洗い部門：700÷(100＋50)≒4.666
　混ぜ部門：4.666×100≒467
　焼き部門：4.666×50≒233

(b)
事務部門：200÷(2＋1)≒66.666
　混ぜ部門：66.666×2≒133
　焼き部門：66.666×1≒67

(c)
修繕部門：250÷(20＋20)＝6.250
　混ぜ部門：6.250×20＝125
　焼き部門：6.250×20＝125

ちなみに自部門から自部門への配賦は行なわれません。
ですから事務部門の一次配賦では事務部門に従業員1人がいますがこれは無視して、ほかの部門へのみ配賦しています。

$$1,500 \div (7-1) = 250$$

③階梯式配賦法

他部門に対する影響が大きい順に補助部門に順位づけを行ない、上位から順に配賦を行ないます。

順位づけのルールは次の通りです

(1)を優先して次に(2)で順位を決めます

(1)他部門への用役提供数
(2)同一順位の部門の第一次集計費

数字が大きいものほど上位になります

	製造部門		補助部門			合計
	混ぜ	焼き	洗い	事務	修繕	
部門費	3,000	5,000	1,500	1,500	2,000	13,000
(配賦基準)						
洗い物量	100	50				150
従業員数	2	1	2	1	1	7
修繕時間	20	20	5	5		50

(1)他部門への用役提供数
 洗い部門：2つ
 事務部門：4つ ⎫ 同数
 修繕部門：4つ ⎭

(2)同一順位の部門の第一次集計費
 事務部門：1,500
 修繕部門：2,000

この例での順位づけはこのようになります

(3)結果
 1位：修繕部門
 2位：事務部門
 3位：洗い部門

	製造部門		補助部門			合計
	混ぜ	焼き	洗い	事務	修繕	
部門費	3,000	5,000	1,500	1,500	2,000	13,000
修繕	800	800	200	200		
事務	680	340	680			
洗い	1,587	793				
間接費	6,067	6,933				13,000

① 修繕部門：2,000÷50＝40　　② 事務部門：(1,500＋200)÷(2＋1＋2)＝340
　混ぜ部門：40×20＝800　　　　　混ぜ部門：340×2＝680
　焼き部門：40×20＝800　　　　　焼き部門：340×1＝340
　洗い部門：40×5＝200　　　　　　洗い部門：340×2＝680
　事務部門：40×5＝200

③ 洗い部門：(1,500＋200＋680)÷150≒15.866
　混ぜ部門：15.866×100≒1,587
　焼き部門：15.866×50≒793

順位に従って配賦を行なうと上表になります

補助部門の形が階段状になっているので「階梯式」配賦法と呼ばれるんですね

・・・

結局3つのうちどの配賦法がいいの？

| 直接配賦法 | 階梯式配賦法 | 相互配賦法（簡便法） | 相互配賦法（純粋な方法） |

簡便性 ←　　　　　　　　　　　　　　　　　　　　　　　　　　　→ 正確性

こんな感じに配賦法の関係性を示すことができます

どれを選択するかはそれぞれの会社の都合ですね

補助部門間の用役の配賦

　補助部門には、例えば次のようなものがあります。
　事務部門（工場の事務を担う）、エネルギー部門（電力や蒸気などを供給する）、施設部門（工場内の機械などのメンテナンス等を行なう）。

　このように複数の存在が考えられます。
　そして、これらの中には補助部門間でサービスの提供をしているところがあります。例えば、エネルギー部門は電力の供給を行ないますが、電気はどの部門でも利用するものです。
　建物の電灯、電子機器、機械の稼働など人間の活動に電気は欠かせません。ということは、エネルギー部門は製造部門にも補助部門にもサービスを提供していることになります。
　だったら、エネルギー部門で生じた製造間接費は製造部門にも補助部門にも配賦すべきではないか、という考えが生じます。

　ここで問題となるのは、やはり「どうすれば正確な原価を計算できるか」です。

　補助部門の製造間接費は、最終的にすべて製造部門へ配賦されなければなりません。そうしなければ、製品へ配賦できないのです。

　ですが、そこに至る経路が大きく分けて2通り考えられます。それは次の2つです。

①補助部門から補助部門への配賦をしない
②補助部門から補助部門への配賦をする

　①の場合は前項と同じで各補助部門で間接費を集計し、それを製造部門

へ配賦します。ここでは製造部門だけにしか配賦をしません。補助部門間の用役の授受を計算上無視してしまうのです。これを「**直接配賦法**」と呼びます。補助部門への配賦をしないので計算は簡単ですが原価の正確性は劣ってしまいます。

②は補助部門間での配賦を行ないつつ製造部門への配賦を行ないます。この計算方法には次の2種類が考えられます。

1）**相互配賦法**
2）**階梯式配賦法**

相互配賦法は用役の授受があれば補助部門間で相互に配賦を行なう方法です。記号で表現するなら「⇔」でしょうか。

階梯式配賦法は影響力の高いものから順に、ほかの部門へ配賦をしていく方法です。相互ではなく一方通行です。記号だと「⇒」でしょうか。

相互配賦法にはさらにいくつか種類があります。最も正確性が高いのは連立方程式を解く方法です（連立方程式法）。この項の例で表すと、以下の式を解くことになります。参考程度にご覧ください。

$a = 1{,}500 + 2/(7-1) \times b + 5/50 \times c$
$b = 1{,}500 + 5/50 \times c$
$c = 2{,}000 + 1/(7-1) \times b$

a= 洗い部門の最終的な製造間接費（他部門からの配賦後の金額）
b= 事務部門の最終的な製造間接費（他部門からの配賦後の金額）
c= 修繕部門の最終的な製造間接費（他部門からの配賦後の金額）

この連立方程式は補助部門のみに着目して作られています。それぞれの補助部門の他部門からの配賦後の部門費を代数（今回はa、b、c）として、配賦基準の比率を考慮すれば式を組み立てられます。

この連立方程式を解くとこのようになります。
a=2,305　b=1,729　c=2,288

これで製造部門の最終的な製造間接費を計算してみましょう。

混ぜ部門＝3,000+2,305×100/150+1,729×2/6+2,288×20/50
　　　　＝6,028
焼き部門＝5,000+2,305×50/150+1,729×1/6+2,288×20/50
　　　　＝6,972
混ぜ部門＋焼き部門＝6,028+6,972=13,000

「配賦後の製造部門の合計値」が「配賦前の製造部門と補助部門の合計値」と一致しているので、ちゃんと補助部門が配賦されたことがわかります。

相互配賦法の簡便法で計算した場合、混ぜ部門が6,025円、焼き部門が6,975円だったので（98ページ）、この例では連立方程式法と簡便法の結果にはそれほど差は見られません。

以上をまとめると配賦法は下表のようになります。

配賦方法		正確性
直接配賦法		低い
相互配賦法	簡便法	やや高い
	連立方程式法	高い
階梯式配賦法		やや低い

11 失敗はどう原価に反映させる？

いらっしゃい
！ああ

焼きプリンだお
火事だろーが！

いや〜まいったお
パンダさん大げさ
こいっ…
はぁ はぁ

これは炭になるかならないかの見極めが難しいプリンなんだお

でも繊細な製品だから失敗品もよくできてしまうんだお
ほう

じゃあその失敗分の原価は完成品に負担させないといけないね
そうなの？

もちろん正常な頻度での失敗の話です。

事故とか災害といった異常な失敗の場合は原価にはなりません。

爆発はNG

ちなみに製造に失敗することを仕損（しそん）と言って、失敗した不合格品のことを仕損品（しそんひん）、仕損の発生による費用を仕損費（しそんひ）と呼びます。

失敗した場合はまず仕損費を計算してその金額を何に負担させるかを考えます

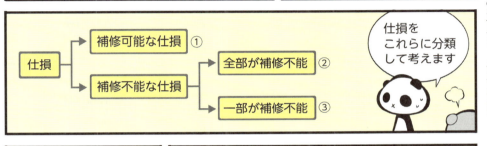
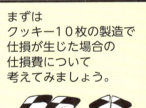

①補修可能な仕損の場合

クッキー10枚の注文に対する指図#1のうち3枚にヒビが入る軽微な損傷があったので補修用の指図書（#1-1）を新たに発行して、指図別製造原価表にその原価を記載します。この補修指図の原価が仕損費になります。

この例では#1-1の合計値150円が仕損費です

製造原価表　　　　　　　　　（円）

	#1	#1-1
前月繰越		0
直接材料費	100	20
直接労務費	200	100
製造間接費	350	30
計	650	150
仕損品評価		－
仕損費	150	△150
合計	800	0

#1に負担させるので
#1に同額（正の値）を記載します

②すべてが補修不能の場合

クッキー10枚すべてが失敗してしまった場合は代品の指図書(#2-1)を発行します。

このときは元の指図の#2の原価が仕損費となります。

ここでもし仕損品が形が悪いだけで味に問題がないならまだ商品価値があるかもしれません。この場合の仕損費は#2の原価から商品価値を控除した金額になります。

製造原価表 (円)

	#2	#2-1
前月繰越		
直接材料費	200	200
直接労務費	350	350
製造間接費	150	150
計	700	700
仕損品評価	△100	—
仕損費	△600	600
合計	0	1,300
備考		

700−100=600が仕損費です

③一部が補修不能の場合

クッキー10枚中3枚が砕けてしまったので代品の指図書(#3-1)を発行します。

このときは、代品の#3-1の原価が仕損費となります。

ここでも仕損品に商品価値があるなら#3-1の原価から商品価値を控除した金額が仕損費になります。

製造原価表 (円)

	#3	#3-1
前月繰越		
直接材料費	200	50
直接労務費	350	120
製造間接費	150	50
計	700	220
仕損品評価	—	△50
仕損費	170	△170
合計	870	0
備考		

3種類あって一見ややこしいですが、元の指図が販売可能なら「補修や代品の原価=仕損費」、元の指図が販売不能なら「元の指図の原価=仕損費」と考えればいいでしょう

評価額は控除してね

で、仕損費が判明したら正常な仕損については原価に反映させなければいけません

仕損費 原価

その処理の仕方には
次の2通りがあります。
(1) **仕損費を直接費とする**
(2) **仕損費を間接費とする**

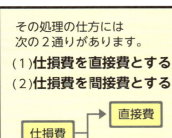

(1) 直接費とする場合

これは特定の指図に対して
その仕損費を負担させる処理です。

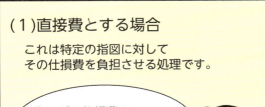

先ほどの仕損費の
発生パターン①～③では
この方法を採っていました

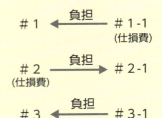

その品種の製造難易度が高く
仕損が生じやすい場合などは
その指図ごとに仕損費を
負担すべきでしょう。

指図ごとに仕損費を
負担させる場合の
勘定連絡図を
見てみましょう

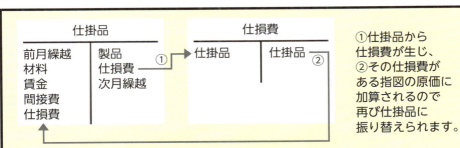

①仕掛品から
仕損費が生じ、
②その仕損費が
ある指図の原価に
加算されるので
再び仕掛品に
振り替えられます。

（2）間接費とする場合

これは仕損費を仕損が発生した部門の間接費とする処理です。

製造部門費
仕損費

例えば、温度調整の難しい石窯でお菓子を焼いているとします。

たまに高温になりすぎてお菓子が焦げてしまうことがあります。

この場合、石窯を用いて焼くお菓子すべてにおいて焦げる可能性があります。

であれば、この石窯で生じた仕損費をこの石窯で焼くお菓子すべてで負担したとしても不思議ではありません。

その部門の間接費にする、ということはその部門に関わる製品全体で負担するということに、ほかなりません。

先ほどの#1-1の負担を考えたらこんな感じです

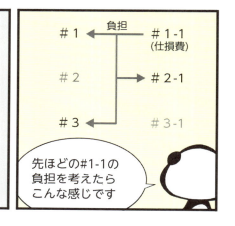

間接費とした場合の仕損費の流れはこのようになります

ちなみに間接費とする処理を採用する場合はその部門の製造間接費の予定配賦率を計算する際、仕損費を加味しなければいけません。

予算の中に仕損費を含ませておくってことです

製造原価表

(円)

	#4	#4-1	#5	#5-1	合計	
前月繰越	100	—	—	—	100	(A)
直接材料費	200	20	200	50	470	(B)
直接労務費	350	100	350	120	920	(C)
製造間接費	150	30	150	50	380	(D)
計	800	150	700	220	1,870	
仕損品評価	—	—	—	△50	△50	(E)
仕損費	150(F)	△150(I)	—	△170(J)	△170	
合計	950(G)	0	700(H)	0	1,650	
備考	完成	#1に賦課	仕掛中	製造部門へ		

注）#4-1は#4の一部の失敗を補てんするために新たに作成した指図です。
　　#5-1は全ての製品に共通して生ずる仕損に対する指図です。

仕掛品

(A) 前月繰越	100	製品	950(G)
(B) 材料	470	仕損品	50(E)
(C) 賃金	920	仕損費	320(I)+(J)
(D) 製造間接費	380	次月繰越	700(H)
(F) 仕損費	150		

仕損費

仕掛品	320	仕掛品	150(F)
		製造部門	170(J)

#4-1は#4のみに
負担させるため
仕損費150円を
#4の原価に
加算しています

#4-1 仕損費150円 ➡ #4原価

#5-1の仕損費は
あらかじめ製造間接費に
組み込まれており
すべての製品に
負担させるように
なっています。

#5-1仕損費170円

間接費として予算に
組み込んでいる

失敗品ができた場合の原価計算

「お塩とお砂糖を間違えちゃった(・ω<)」

なんて古典的なミスはそうそうないと思いますが、ものを作っていると失敗してしまうことがあります。

注文を受けた製品が失敗してしまったら、その代わりになるものを新たに作らなければいけません。この代替品を製造する際にも新たに指図書を発行し、これについても原価を計算します。

失敗品を作るためにも材料や労働力を消費しています。

ということはその消費額は原価、もしくはほかの費用にしなければいけません。ただし、一言で失敗といっても、

①製造においてどうしても発生してしまうもの
②災害などの非常事態により生じるもの

この2つではその取り扱いが異なります。

もし、①通常の失敗であれば、それは完品を作るために必要な失敗と見なされ原価性があると考えます(仕掛品、製品の原価に反映される)。

②異常な失敗なら原価にはならず本業以外の費用として営業外費用か特別損失となります。

失敗のことを「**仕損**」と呼び、失敗品のことを「**仕損品**」と呼びます。そして、その失敗品を作るために要した金額を「**仕損費**」と呼びます。また、異常な原因で生じた仕損を「**異常仕損**」と呼びます。ほかにも失敗ではなく、加工中に材料が蒸発などにより消失することがあります。このことを「**減損**」と呼びます。

仕損・減損した場合は、この仕損費の計算をしてからその金額が特定の指図に負担されるのか、ほかの費用になるのかを考えます。

もし失敗品に価値があるなら、製造原価からその価値を控除した金額が仕損費となります。

個別原価計算における仕損は3パターンに分かれます。次の表にそれぞれの場合における仕損費となる指図を示します。

仕損の内容		仕損費
修復可能		代替指図
修復不能	元の指図のすべてが修復不能	元の指図
	元の指図の一部が修復不能	代替指図

　仕損費となるのが元の指図か代替指図のいずれのものかは元の指図が販売可能かどうかで判断できます。

　元の指図が修復可能であったり、一部を作り直せば販売可能であるなら代替指図の製造原価が仕損費となります。

　逆に元の指図で作ったものがすべて失敗し、代替指図で作ったものを販売するなら、元の指図の製造原価が仕損費となります。

　ここで製造原価表の一部を例示しましょう。仕損部分の書き方です。材料費などの計以下(仕損部分)を示しています。

(円)

	No.101	No.102	No.103	No.104	合計
計	1000	500	400	450	2350
仕損品評価	0	△100	△50	0	△150
仕損費	400	△400	△350	0	△350
合計	1400	0	0	450	1850
備考	完成	No.101へ	損益へ	仕掛中	

　No.101の一部が失敗したため、代替指図としてNo.102を作りました。No.103はすべて失敗してしまい、代替指図としてNo.104を作りました。No.103は異常仕損でした。

　仕損費となる指図(この例ではNo.102とNo.103)は仕掛中でなければその合計欄は「0」となります。仕損品評価と仕損費の欄に負の値(△で表記)が記載されるからです。

　No.102の仕損費はNo.101が負担すべきものですから、No.101の仕損費の欄にはNo.102の仕損費の正の値が記載されます。

　No.103は異常仕損なので、その仕損費はほかの指図に負担させることはせず、直接損益計算書に記載されることになります(備考欄に「損益へ」と記載されています)。

製造間接費を もっともっと正確に配賦する

コラム3

　部門別計算により製造間接費の配賦を正確に行なうことができます。
　3章の9で補助部門からの配賦を示しました。あれでも十分正確性は高いのですが、実はさらに正確性を向上させることができるのです。

　3章の6で説明したように製造間接費は変動費と固定費で構成されています。変動費については毎月の実際消費量を配賦基準として、固定費についてはその生産能力（キャパシティ）に応じて配賦されるべきです（そのほうが理に適っている、という話です。絶対的に正しいかはわかりません）。

　3章の9の製造間接費は1つのまとまりで考えていました。この製造間接費を変動費と固定費に分離して、それぞれの配賦基準で配賦をすることで、さらに正確な原価計算が可能になります。

　この間接費の変動費と固定費を別々の配賦基準で配賦する方法を複数基準配賦法と呼び、間接費をひとまとめにして配賦する方法を単一基準配賦法と呼びます。複数基準配賦法のほうが正確度は高いとされています。

　計算方法がどんどん複雑化して頭がこんがらがりそうですが、この根底にあるのは「製造間接費を正確に配賦したい」という思いです。
　勉強をしていると「何でこんな複雑なことをやってんだ！」と腹立たしく感じることがあるかもしれません。そんなときは、「間接費の配賦のためにいろいろ工夫したんだなぁ」と先達が製造間接費の配賦に心血を注いできた様を想像すれば、少しは気がまぎれるのではないでしょうか。

4章
注文が入る前にケーキを作っておく
～総合原価計算～

01 大量生産する製品の原価計算

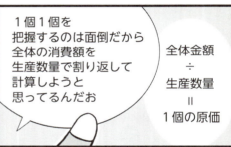

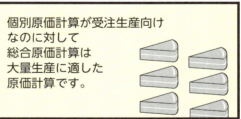

その期間（通常1か月）で生じた原価を
その期間の生産量で割ることで
製品1個あたりの単価が算出できるのです。

$$\frac{原価(10,000円)}{生産量(20個)} = 500円/個$$

総合原価計算で
特徴的なのは
原価の分類方法です。

個別原価計算	総合原価計算
直接材料費	直接材料費
直接労務費	加工費
直接経費	
間接材料費	
間接労務費	
間接経費	

個別原価計算での分類と
比較すると
左図のようになります。

総合原価計算では
直接材料費と加工費の
2つに分類されるのが
一般的です。

え？

これは製造工程の始点で
直接材料を投入して、
あとはこの材料を切ったり
組み立てたりする生産形態が多いので
直接材料費とその他（加工費）という
大まかな区分になっています。

へぇ

もう1つ大事なのは
未完成品（仕掛品）の評価です。
原価計算は通常1か月単位で
行ないますが、その期間内に
すべての製品が完成するわけでは
ありません。
期間の終わりの時点で加工途中の
ものが存在してしまいます。

例えば1万円を消費して
1か月で完成品10個と
仕掛品10個を生産した、
みたいな感じです。

完成品：10個

仕掛品：10個

この場合に、

$$\frac{10,000円}{\underset{(完成品)}{10個} + \underset{(仕掛品)}{10個}} = 500円/個$$

こんな計算をして
大丈夫でしょうか？

?

もう1つ例を挙げようか

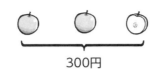

300円

リンゴ2個＋半分が
300円で販売されていたとして
リンゴ1個あたりの価格は
いくらになるでしょう？

300円÷3個＝＠100円
とする人はいないでしょう。

300円÷2.5個＝＠120円

これが正しい単価です。

半分のリンゴは
1個の50％相当だから
この計算になるわけです。

同様に原価を考える際には
仕掛品の完成度合を
計算しなければいけません。

完成品のコストを
100％（または1.0）として
仕掛品のコストを表した割合を
進捗度と呼びます。

この進捗度と数量を掛けたものを
完成品換算量と呼び
完成品の何個分に相当するかを
意味します。

進捗度0.5×4個＝2（完成品換算量）
⇒完品2個に相当

この進捗度の考え方で重要なのは
その原価要素が製造工程の位置において
消費されているかどうかです。

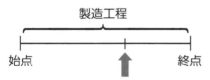

例えばこの工程まで進んだ仕掛品に
その原価要素が消費されているか

直接材料費であれば工程の始点で
あっても終点であっても
進捗度は100％です。
（始点でのみ投入する場合）

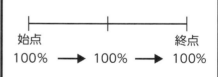

しかし加工費は加工の進行に比例して
増加すると考えられるので
進捗度も比例的に増加します。

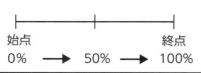

直接材料費：3,000円
加工費　　：3,000円

完成品：10個（1.0）
仕掛品：10個（0.5）

この例で
原価を計算
しましょう

（ ）の数字は
進捗度です

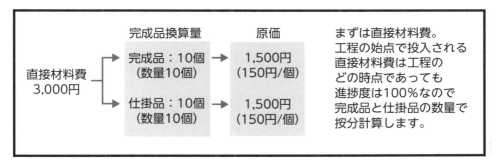
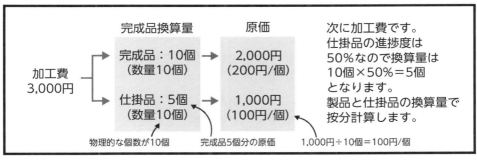

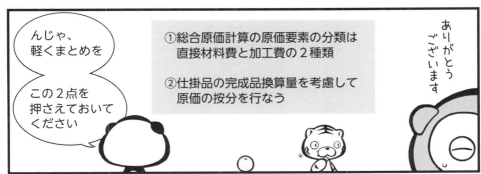

個別原価計算と総合原価計算の違い

　電化製品、家具、文房具、衣料品、食品などなど。
　現代において多くの製品が工場で大量生産されています。
　これは「これくらいの量が売れるだろうな」という予測にもとづいて生産されており、こういった生産形態を「**市場生産**」（見込生産）と呼びます。

　市場生産は同一規格の製品を連続生産しており、これに適した原価計算の方法として**総合原価計算**が挙げられます。

　原価計算は製品の生産形態によって個別原価計算と総合原価計算に区分できます。両者の大きな違いは次の3点が挙げられます。

> **①原価の集計単位**
> **②原価要素の区分の仕方**
> **③換算量の概念**

　①個別原価計算では指図（注文）ごとにその原価を集計しますが、総合原価計算では一定期間（通常1か月間）に発生した原価を集計し、それを生産量で除算することで、製品1個あたりの原価を求めます。
　ですから、同一規格の製品は仮に指図が異なっていても単価は同じになります。

　②個別原価計算は「形態別＋関連性による分類」により直接材料費、直接労務費、直接経費、製造間接費に分類しますが、総合原価計算は直接材料費と加工費の2種類に分類します。

　③一定期間で区切り、発生した原価を生産した製品、仕掛品に按分す

るために、仕掛品を製品と同じ土俵で考える必要があります。そこで用いられるのが**進捗度**です。仕掛品を完成品の何個分に相当するのかを％や割合で示した数字で、これに数量を乗じたものを「**完成品換算量**」と呼びます。

　進捗度は、その原価要素が工程のどの地点で投入されたかを意識すると想像しやすいです。
　材料は工程のはじめ（始点）で投入されることが多いのですが、この場合、完成品1個と仕掛品1個の材料消費量は同じはずです。
　例えば、玉子焼きを作るために卵1個を使ったとして、完成品と作りかけ、どちらも卵1個を消費しています。ですから、月末仕掛品の進捗度は 1.0 です。

　では、逆に工程の終わり（終点）に投入される材料ではどうでしょう。例えば、イチゴケーキの上にのっているイチゴは最後の最後にのせられるとします。すると仕掛品には使われないことになります。ですから月末仕掛品のこの材料に対する進捗度は 0 です。
　さらに、工程を通じて平均的に投入される材料、というのも考えられます。料理ではありませんが、絵画に使う絵の具なんてそうですよね。この場合、加工費同様に工程が進むにつれ進捗度が増加すると見なすべきです。

　簿記検定ではこの進捗度が問題文で与えられますが、現実の原価計算においてはもちろん自分で算出しなければいけません。この進捗度によって月末仕掛品へ按分される原価が決まり、最終的に製品原価を決定づけることになります。試験勉強では問題を解くための一要素にしか見えませんが、実際にはかなり重要な要素です。

02 総合原価計算の具体例

ボックス図が大事

この前の続きしてもいいかな

……暇なのかな？
よいしょっ

総合原価計算は一定期間に消費した**金額**と**生産数**等で計算します

金額 数量

「金額」と「数量」この2要素を意識しましょう

そして計算には右のような図を用いることが多いです。

これは仕掛品勘定、つまり仕掛品の収支（増減）を示します。一般的に**ボックス図**と呼ばれます。

仕掛品

| 金額：X円 | 金額：A円 |
| 数量：Y個 | 数量：B個 |

借方(左側)は増加を意味します

貸方(右側)は減少を意味します

この図に金額や数量を書き込むことで視覚的に理解しやすくなります

仕掛品勘定を用いる理由は、原料などの消費額(原価)が仕掛品に集結し、仕掛品を経由して製品が生じるからです。

仕掛品勘定は計算に必要なデータが集まる場なのです。

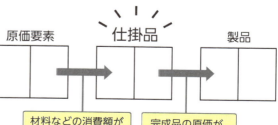

原価要素 → 仕掛品 → 製品

材料などの消費額が仕掛品の増加額

完成品の原価が仕掛品の減少額

例えば材料などを1,000円消費して完成品10個を生産した場合、これをボックス図に書き込むとこのようになります。

仕掛品	
当月投入 ？個 1,000円	完成品 10個 ？円

この場合、完成品原価はいくらになるでしょう？

仕掛品	
当月投入 **10個** 1,000円	完成品 10個 **1,000円**

←判明（当月投入側）／判明（完成品側）

この10個は完成品10個相当分の消費量があったというイメージです

勘定は貸借の数字が必ず一致するので一方の数字がわかればもう一方も算出できるのです。

次は月末に仕掛品が残った場合を考えましょう。

材料などを1,000円消費して完成品8個、仕掛品2個を生産した場合です。

仕掛品	
当月投入 ？個 1,000円	完成品 8個 ？円
	月末仕掛品 2個 ？円

月末仕掛品の進捗度は0.5とします。

月末仕掛品の個数は2個ですが加工の程度は2×0.5=1で完成品1個相当分だと言えます。

当月投入の数量は貸借差額で計算されます。

仕掛品	
当月投入 **10個(9個)** 1,000円	完成品 8個 ？円
	月末仕掛品 2個(1個) ？円

←判明

あとは借方の1,000円を貸方の完成品、月末仕掛品に按分すれば完了です。

4章 注文が入る前にケーキを作っておく〜総合原価計算〜

例．次の資料にもとづき、月末仕掛品原価、完成品原価を求めなさい。
　なお完成品と月末仕掛品への原価の配分方法は平均法を採用しています。
　（　）の数字は進捗度を示します。

(資料1：生産データ)

```
月初仕掛品   100 (0.4)
当月投入     200
合計        300
月末仕掛品    80 (0.5)
完成品       220
```

(資料2：原価データ)

	直接材料費	加工費
月初仕掛品原価	950円	340円
当月製造費用	1,750円	700円

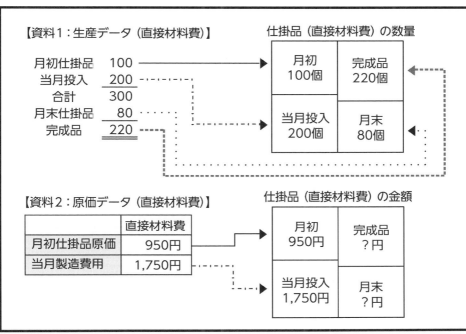
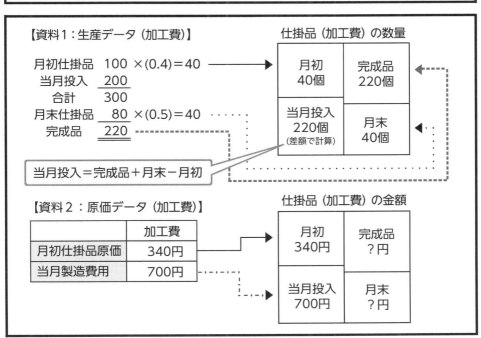

仕掛品（直接材料費）	
月初 100個 950円	完成品 220個 b円
当月投入 200個 1,750円	月末 80個 a円

＊設問の数字をそのまま入れられる
　箇所に数字を入れています

まずは直接材料費の
ボックス図です。

借方の金額と
それぞれの数量は
判明しているので
貸方の金額を
計算してやります。

総合原価計算では
**まず月末仕掛品の
原価から計算します。**

これは大事なので
覚えておいてください。

①平均単価を計算する
$$\frac{950+1,750}{220+80}=9円/個$$
　　（完成品）（月末）
②月末仕掛品原価
　a ＝ 9 × 80 ＝ 720円
③完成品原価
　b ＝ (950＋1,750) － 720 ＝1,980円
④完成品単価
　1,980 ÷ 220 ＝ 9円/個

今回は平均法を
採用しているので
原価はこのような
計算になります

次は加工費です。
加工費では換算量で
按分計算しなければ
いけないので、
月初と月末の
換算量を計算して
ボックス図に記入します。

仕掛品（加工費）	
月初 A個 340円	完成品 220個 Y円
当月投入 C個 700円	月末 B個 X円

＊設問の数字をそのまま入れられる
　箇所に数字を入れています

①月初換算量
　A＝100×0.4＝40
②月末換算量
　B＝80×0.5＝40
③当月投入量
　C＝220＋40－40＝220
　　（完成品）（月末）（月初）（当月投入）

ちなみに
**当月投入量は
貸借の差額でしか**
計算できません

要注意
です

続いて仕掛品と
製品の原価を
計算します

④平均単価を計算する
$$\frac{340+700}{220+40}=4円/個$$
　　（完成品）（月末）

⑤月末仕掛品原価
　X＝4円×40個＝160円
⑥完成品原価
　Y＝340円＋700円－160円＝880円
⑦完成品単価
　880円÷220個＝4円/個

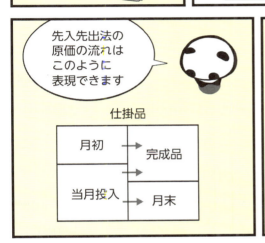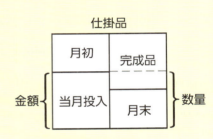

ボックス図を使った計算パターン

　総合原価計算は仕掛品勘定のボックス図を用いると直感的に理解しやすくなります。
　このボックス図に金額と完成品換算量を入れるのですが、入れる数字がはじめから確定しているものがあります。それは、金額では借方に属する月初（前月計算済み）と当月投入（当月消費した材料や労働力は明らか）です。完成品換算量はすべてがわかっています（簿記検定試験では問題文中に値が与えられている、という意味であって、実際に会社で行なう原価計算においてはもちろん原価計算担当者が換算量などを計算しなければいけません。大変です）。
　不明なのは貸方の金額の内訳です（合計額は確定しています）。

計算内容を端的に言うと「借方の金額の合計値」を「貸方と借方の完成品換算量」でもって按分して「貸方の金額」を求めているのです。
　そして、原価の按分計算は月末仕掛品から計算し、完成品は貸借の差額（＝借方の金額の合計値－月末仕掛品の金額）によって求めるのが基本です。
　換算量については、貸方を優先して使うイメージを持つと、今後の学習がスムーズになると思います。月末仕掛品原価を計算する際に用いる単価の計算式は平均法であれば以下の通りです。

「単価＝借方の合計金額÷貸方の合計数量」

　先入先出法では次の通りです。

「単価＝当月投入金額÷｛(完成品数量－月初数量)＋月末数量｝」

　ボックス図は、仕掛品を構成する直接材料費と加工費に分けて図で示

します。これは直接材料費と加工費では按分計算に用いる数量が異なるためです。

　また、この項で解説したように、必ずしも２つのボックス図というわけではなく、材料の種類が多い場合など、必要に応じてボックス図の数も増える可能性があります。

　総合原価計算では、このボックス図を使った計算パターンを複数学ぶことになります。複数の計算方法がある理由は、製品の種類はたくさんあり、特殊な生産のされ方もあるため、それらに対応するための方法が考案されたからです。

　この項で取り上げた計算例は、１種類の製品を単一の工程で製造し、完成品と月末仕掛品だけが生産されたものでした。このような単一工程での総合原価計算が最も単純な形で、これを「**単純総合原価計算**」と呼びます。

　しかし、製造していれば失敗品ができることもあります。また、製品を作るためには複数の工程を経る必要があったり、１つの会社が複数の製品を生産しているケースもあります。

　こういった場合に妥当な原価の計算をするために、複数の計算方法が存在しています。

　簿記検定試験で総合原価計算の問題文に記載される生産データや原価データの表現の仕方は、慣れないと少し戸惑ってしまいます。これらの情報を素早くボックス図に書き込む練習をすることが必要です。

　簿記検定の総合原価計算の問題は計算量は多いですが、パターン化してしまえば機械的に解ける、点数の稼ぎどころだと思います。

03 大量生産で失敗品ができたら

失敗じゃないお
爆発も必要な工程なんだお！

いやいやいや

失敗したらその分原価が高くなるんだよね

そうだね

ただし、正常仕損は原価になるけれど異常仕損には原価性はありません。

3章の11で説明済みです

総合原価計算における仕損の計算例を見てみましょうか

まずは計算が簡単な**異常仕損**から

例. 次の資料にもとづき、月末仕掛品原価、異常仕損費、完成品原価を求めなさい。なお、原価配分方法は平均法を採用している。

(資料1：生産データ)

月初仕掛品	100	(0.4)
当月投入	200	
合計	300	
月末仕掛品	80	(0.6)
異常仕損品	20	(0.5)
完成品	200	

＊（ ）の数字は進捗度

(資料2：原価データ)

	直接材料費	加工費
月初仕掛品原価	2,300円	650円
当月製造費用	5,200円	3,220円

仕損の進捗度って……？

工程の途中で検品をするんですね

検品の前の段階で失敗したものが仕損として認識されるのですが便宜上、**検品を行なう地点**を仕損の進捗度とします。

仕掛品（直接材料費）

月初 100個 2,300円	完成品 200個
	異常仕損 20個
当月投入 200個 5,200円	月末 80個

① 平均単価
$$\frac{2,300+5,200}{200+20+80}=25 円/個$$

② 月末仕掛品原価
①×80＝2,000円

③ **異常仕損費**
①×20＝500円 ←

④ 完成品原価
(2,300+5,200)−(②+③)＝5,000円

異常仕損費の計算方法は月末仕掛品と同じです

仕掛品（加工費）

月初 40個 650円	完成品 200個
	異常仕損 10個
当月投入 218個 3,220円	月末 48個

① 月初換算量
100×0.4＝40

② 月末換算量
80×0.6＝48

③ 異常仕損量
20×0.5＝10

④ 平均単価
$$\frac{650+3,220}{200+②+③}=15 円/個$$

⑤ 月末仕掛品原価
④×48＝720円

⑥ **異常仕損費**
④×10＝150円 ←

⑦ 完成品原価
(650+3,220)−(⑤+⑥)＝3,000円

【まとめ】 月末仕掛品原価＝2,000＋720＝2,720円
異常仕損費＝500＋150＝650円
完成品原価＝5,000＋3,000＝8,000円

もし異常仕損品に処分価値がある場合はそれを資産として計上します。そして上記計算で求めた異常仕損費から処分価値を控除したものを異常仕損費とします。

例：処分価値＠10円だった場合
① 仕損品
　＠10円×20個＝200円
② 異常仕損費
　500＋150−①＝450円

仕掛品

月初 2,950円	完成品 8,000円
	仕損品 200円
当月投入 8,420円	異常仕損費 450円
	月末 2,720円

計算の順序は
月末→異常仕損→完成品
とするのがポイントです

4章 注文が入る前にケーキを作っておく～総合原価計算～

次は**正常仕損**です
避けようがない仕損です

正常仕損は完成品には必ず負担させますが、月末仕掛品に対してはその進捗度に応じて是非が決まります。

正常仕損費は完成品や月末仕掛品に按分する必要があります。

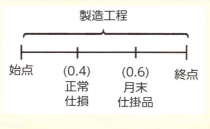

このように月末仕掛品の進捗度が正常仕損が生じた進捗度を上回っている場合は月末仕掛品にも仕損費を負担させます。

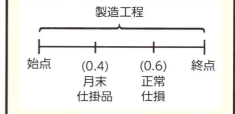

一方で月末仕掛品の進捗度が正常仕損が生じた進捗度に達していない場合は月末仕掛品に仕損費を負担させません。

仕損が発生した時点を月末仕掛品が経過したかどうかを見ているんですね。

で、仕損費を按分する方法は次の2通りがあります

①**度外視法**（どがいしほう）
②**非度外視法**（ひどがいしほう）

度外視法というのは文字通り無視する方法です。

仕損の数量を**無視すること**で按分計算をします。

逆に非度外視法は無視をせず、いったん仕損費を計算してからそれを割り振ります。

こっち見ろ！

では度外視法と非度外視法を4つの例題で理解しましょう

①度外視法（完成品のみに負担させる場合）

例．次の資料にもとづき、月末仕掛品原価、完成品原価を求めなさい。
なお、原価配分方法は平均法を採用している。（ ）の数字は進捗度。

(資料１：生産データ)

月初仕掛品	100	(0.4)
当月投入	200	
合計	300	
月末仕掛品	80	(0.3)
正常仕損品	20	(0.5)
完成品	200	

(資料２：原価データ)

	直接材料費	加工費
月初仕掛品原価	2,300円	1,180円
当月製造費用	5,200円	3,500円

月末仕掛品の進捗度が仕損の進捗度に達していない

仕掛品（直接材料費）

月初 100個 2,300円	完成品 200個
	正常仕損 20個
当月投入 200個 5,200円	月末 80個

①平均単価
$$\frac{2,300+5,200}{200+20+80}=25円/個$$

②月末仕掛品原価
①×80＝2,000円

③完成品原価
(2,300＋5,200)－②＝5,500円

仕掛品（加工費）

月初 40個 1,180円	完成品 200個
	正常仕損 10個
当月投入 194個 3,500円	月末 24個

①平均単価
$$\frac{1,180+3,500}{200+10+24}=20円/個$$

②月末仕掛品原価
①×24＝480円

③完成品原価
(1,180＋3,500)－②＝4,200円

仕損費の計算は出てきませんね

【まとめ】　月末仕掛品原価＝2,000＋480＝2,480円
　　　　　　完成品原価＝5,500＋4,200＝9,700円

この例では
月末仕掛品の進捗度(0.3)が
仕損の進捗度(0.5)に満たないため
仕損費はすべて完成品に
負担されます。

月末仕掛品原価以外が完成品原価になります。

月初	完成品	仕損費はすべて
	仕損費	完成品原価とする
当月投入	月末	

①度外視法（完成品、月末仕掛品に負担させる場合）

例．次の資料にもとづき、月末仕掛品原価、完成品原価を求めなさい。
なお、原価配分方法は平均法を採用している。（　）の数字は進捗度。

（資料1：生産データ）

月初仕掛品	100	(0.2)
当月投入	200	
合計	300	
月末仕掛品	80	(0.5)
正常仕損品	20	(0.4)
完成品	200	

（資料2：原価データ）

	直接材料費	加工費
月初仕掛品原価	2,200円	800円
当月製造費用	4,100円	6,640円

月末仕掛品の進捗度が仕損の進捗度を超えている

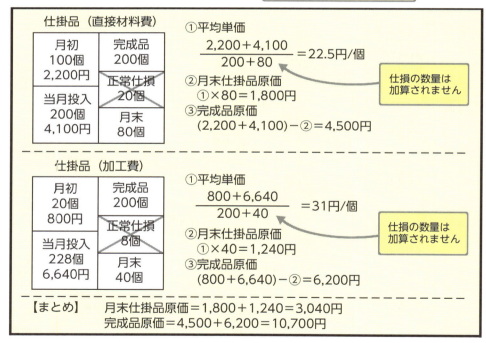

【まとめ】　月末仕掛品原価＝1,800＋1,240＝3,040円
　　　　　完成品原価＝4,500＋6,200＝10,700円

この例では
完成品と月末仕掛品の両者が
正常仕損費を負担します。
平均単価を計算する際、
分母から仕損の数量を除くことで
平均単価を上昇させています。

完成品のみに負担させる場合も今回の例でも正常仕損費の計算は出てきません

まさに無視だね

②非度外視法（完成品のみに負担させる場合）

計算方法、生産データ、金額データは131ページの
度外視法（完成品のみに負担させる場合）と同じものとします。

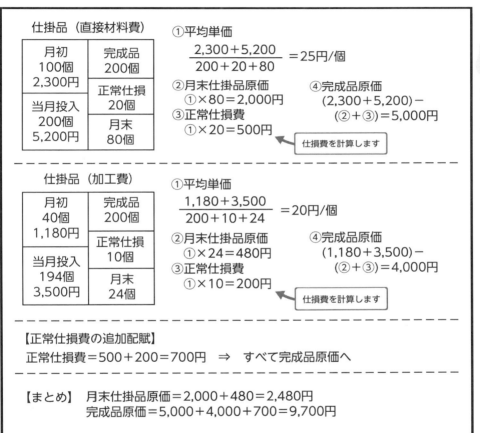

②非度外視法（完成品、月末仕掛品に負担させる場合）

計算方法、生産データ、金額データは132ページの
度外視法（完成品、月末仕掛品に負担させる場合）と同じものとします。

仕掛品（直接材料費）

月初 100個 2,200円	完成品 200個
	正常仕損 20個
当月投入 200個 4,100円	月末 80個

①平均単価
$$\frac{2,200+4,100}{200+20+80}=21円/個$$

②月末仕掛品原価
　①×80＝1,680円

③正常仕損費
　①×20＝420円　← 仕損費を計算します

④完成品原価
　(2,200＋4,100)－
　(②＋③)＝4,200円

仕掛品（加工費）

月初 20個 800円	完成品 200個
	正常仕損 8個
当月投入 228個 6,640円	月末 40個

①平均単価
$$\frac{800+6,640}{200+8+40}=30円/個$$

②月末仕掛品原価
　①×40＝1,200円

③正常仕損費
　①×8＝240円　← 仕損費を計算します

④完成品原価
　(800＋6,640)－
　(②＋③)＝6,000円

【正常仕損費の追加配賦】　　　　　　　　　　　完成品と月末仕掛品の個数の合計

正常仕損費＝420＋240＝660円
　→ 月末　：660×(80/280)≒189
　→ 完成品：660×(200/280)≒471

【まとめ】　月末仕掛品原価＝1,680＋1,200＋189＝3,069円
　　　　　　完成品原価＝4,200＋6,000＋471＝10,671円

仕損が一定の地点のみで発生する場合は
正常仕損費は個数で按分計算します。

つまり
直接材料費のほうの
数量を用います

度外視法と比較すると
若干数字が異なりますね

	度外視法	非度外視法
完成品原価	10,700円	10,671円

度外視法と非度外視法

　市場生産で仕損・減損が生じたとき、その仕損費は基本的には月末仕掛品原価と同様の計算手法で求めます。もし、それが異常仕損であれば営業外費用、もしくは特別損失として扱い、正常仕損であれば製品原価、仕掛品原価に負荷する必要があります。3章の11で説明した通りです。

　今回は平均法の例を取り上げましたが、もちろん先入先出法による度外視法、非度外視法もあります。

　先入先出法は月初仕掛品を優先して完成品になったと見なす考え方です。しかし、月初仕掛品の進捗度が仕損の進捗度に満たない場合、月初仕掛品の一部が仕損になると想定されます。

　これは厳密な考え方なのですが、こうすると計算が煩雑になるため一般的には月初仕掛品はその進捗度に関係なくすべて完成品になると考えます。つまり、仕損はすべて当月投入分から生じると見なします。

　先入先出法における度外視法、非度外視法の月末仕掛品原価の計算は以下のようになります。

（1）度外視法
　月末仕掛品原価＝当月投入費用÷{(完成品数量－月初仕掛品数量)＋月末仕掛品数量}×月末仕掛品数量

（2）非度外視法
　正常仕損費＝当月投入費用÷{(完成品数量－月初仕掛品数量)＋正常仕損数量＋月末仕掛品数量}×仕損数量⇒月末仕掛品に按分

　ところで、仕損（特に減損）は、ある定点だけでなく工程を通じて平均的に生じる場合があります。この場合は、仕損の進捗度は0.5とします。そして、非度外視法での正常仕損費の完成品と月末仕掛品への按分は完成品換算量でもって行ないます（仕損が一定点での発生の場合は、物理的な個数で按分します）。

04 工程別総合原価計算

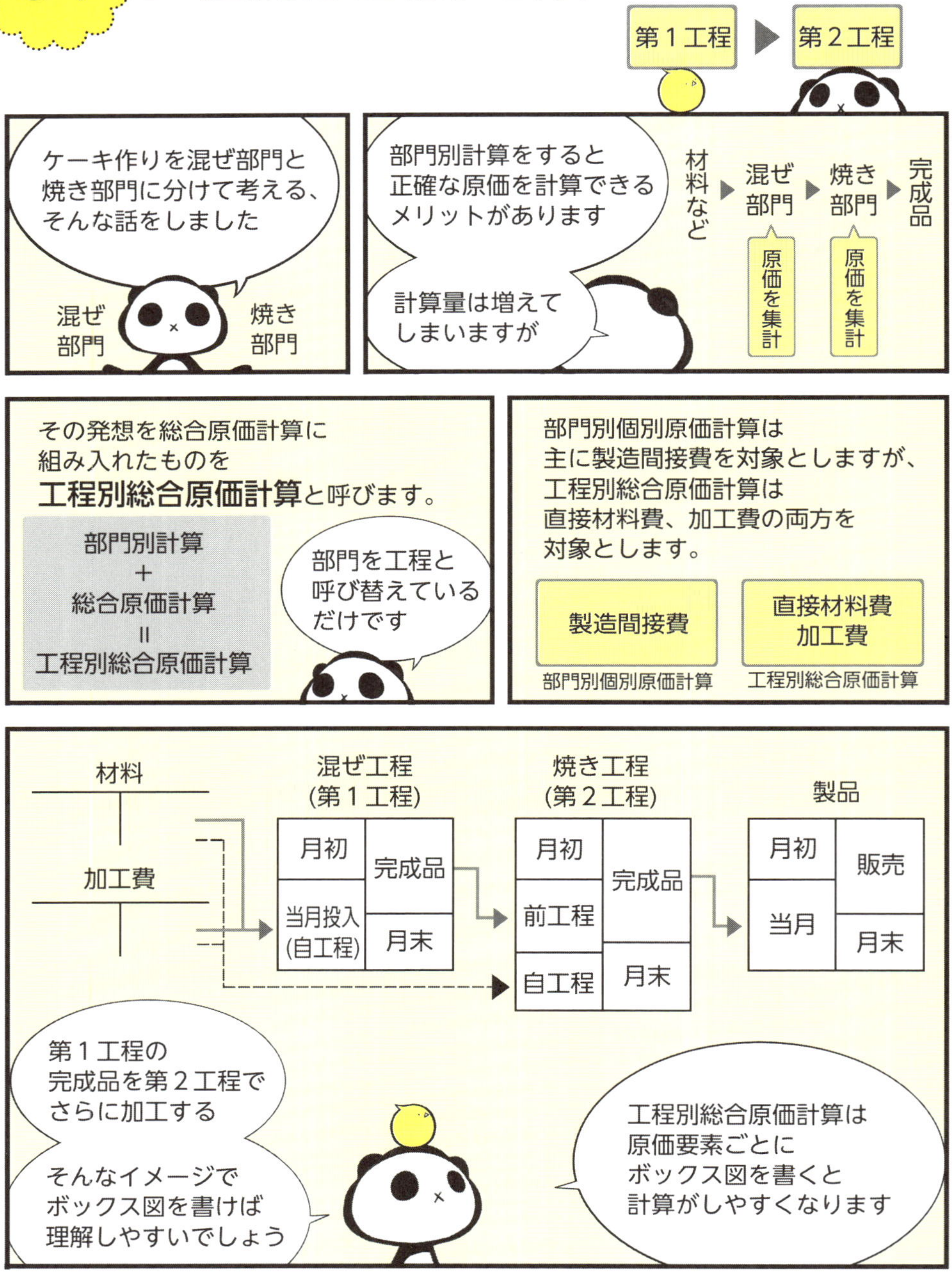

例. 当社ではイチゴケーキを製造しています。
このケーキは第1工程と第2工程を経て完成します。
A材料は第1工程始点で、B材料は第2工程の終点で投入します。
仕損費は度外視法、原価の按分計算は平均法を採用しています。
次の資料にもとづき月末仕掛品原価、完成品原価を求めなさい。

＊（　）の数字は進捗度を示します

(資料1：生産データ)

	第1工程		第2工程	
月初仕掛品	100	(0.4)	40	(0.5)
当月投入	180		200	
合計	280		240	
月末仕掛品	80	(0.6)	50	(0.4)
正常仕損品	0		40	(0.2)
完成品	200		150	

前工程費というのははじめて出てきましたね

(資料2：原価データ)

	月初仕掛品原価		当月製造費用
	第1工程	第2工程	
前工程費	—	1,900	—
A材料費	2,200	—	4,100
B材料費	—	—	1,350
加工費			
（第1工程）	1,040	—	6,400
（第2工程）	—	750	5,200

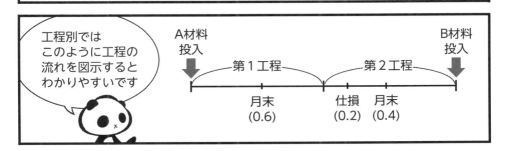

工程別ではこのように工程の流れを図示するとわかりやすいです

A材料投入　第1工程　第2工程　B材料投入
月末(0.6)　仕損(0.2)　月末(0.4)

第1工程

仕掛品（A原材料）

月初 100個 2,200円	完成品 200個
当月投入 180個 4,100円	月末 80個

① 平均単価
$$\frac{2,200+4,100}{200+80} = 22.5 円/個$$
② 月末仕掛品原価
　①×80＝1,800円
③ 完成品原価
　(2,200＋4,100)－②＝4,500円

第1工程の計算は今まで通りだね

仕掛品（第1工程加工費）

月初 40個 1,040円	完成品 200個
当月投入 208個 6,400円	月末 48個

① 平均単価
$$\frac{1,040+6,400}{200+48} = 30 円/個$$
② 月末仕掛品原価
　①×48＝1,440円
③ 完成品原価
　(1,040＋6,400)－②＝6,000円

【まとめ】　月末仕掛品原価＝1,800＋1,440＝3,240円
　　　　　　完成品原価＝4,500＋6,000＝10,500円

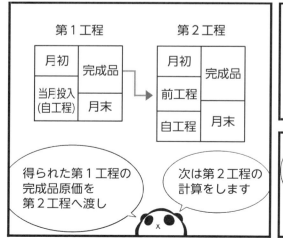

第2工程では第1工程の完成品原価を「前工程費」という名称で表現します。

第1工程完成品原価 ➡ 第2工程前工程費

得られた第1工程の完成品原価を第2工程へ渡し

次は第2工程の計算をします

この前工程費も原価要素の1つとして原価按分を行ないます

第2工程

仕掛品(前工程費)

月初 40個 1,900円	完成品 150個
当月投入 200個 10,500円	~~正常仕損 40個~~
	月末 50個

①平均単価
$$\frac{1,900+10,500}{150+50}=62円/個$$

②月末仕掛品原価
①×50=3,100円

③完成品原価
(1,900+10,500)−②=9,300円

> 前工程費は第2工程の始点で投入される材料と考えたらいいのかな

仕掛品(B原材料)

月初 0個 0円	完成品 150個
	~~正常仕損 0個~~
当月投入 150個 1,350円	月末 0個

①完成品原価 1,350円

> B原材料は終点に投入するので完成品のみの原価となります
>
> 月初、月末の進捗度は0です

仕掛品(第2工程加工費)

月初 20個 750円	完成品 150個
	~~正常仕損 8個~~
当月投入 158個 5,200円	月末 20個

①平均単価
$$\frac{750+5,200}{150+20}=35円/個$$

②月末仕掛品原価
①×20=700円

③完成品原価
(750+5,200)−②=5,250円

【まとめ】　月末仕掛品原価=3,100+700=3,800円
　　　　　完成品原価=9,300+1,350+5,250=15,900円

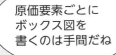

> 原価要素ごとにボックス図を書くのは手間だね

> でも

> 計算量が増えるだけで考え方は通常の総合原価計算で十分対応できます

工程ごとに原価を集計すると より正確になる

　工程別総合原価計算とは製造工程に区分を設け、それぞれで原価を集計する計算方法です。こうすることで完成品、月末仕掛品への原価按分をより正確に行なうことができるようになります。
　これは個別原価計算における部門別計算と同義のもので、総合原価計算では慣習的に分類単位として「工程」という名称を用いています。

　原価の集計は、部門別計算においては主に製造間接費に着目しています。これは個別原価計算では直接費が指図別に認識され、わざわざ直接費についても部門別に集計する意義が少ないからです（もともと正確なのだから）。
　しかし、総合原価計算は指図別ではなく、期間集計を行なうため個別原価計算よりも厳密性に欠けます。直接材料費であっても、どれだけが完成品となってどれだけが月末仕掛品として残るのか。これは全工程で考えるよりも、もう少し小さい単位で把握したほうが精度が向上するはずです。よって、工程別総合原価計算では一般に直接材料費、加工費の両方に対して行ないます。
　ただし、直接材料費が全工程を通じて始点のみで投入される場合、伸銅（銅や銅合金の加工）工業や紡績業がこれに該当しますが、工程別に集計するのは加工費だけで十分とするケースもあります。このような業種では、原価管理の観点から言えば材料費の良否は購買活動の影響によるところが大きく、加工費が原価管理の中心となります。そのため、材料費については工程別計算を省略してしまうほうが合理的です。

　工程別計算で特徴的な用語として**前工程費**があります。前工程での完成品原価（材料費＋加工費）を前工程費として次工程が引き継ぐことになります。これは次工程の始点で投入される材料費と考えればイメージがしやすいでしょう。

少し話は逸れますが、異常仕損と正常仕損がともに生じた場合、異常仕損が正常仕損費を負担するかどうかを考えてみましょう。

　基本的に月末仕掛品と同じ考え方で、異常仕損の進捗度が正常仕損の進捗度を超えていれば正常仕損費の負担を受けます。

　パターンは以下の3通りがあります。

①正常仕損の進捗度＞異常仕損の進捗度

　異常仕損が発生するまでに正常仕損が発生していないので、異常仕損に対して正常仕損費を負担させません。

②正常仕損の進捗度＜異常仕損の進捗度

　異常仕損品ができる過程で正常仕損が生じているので、異常仕損に正常仕損費を負担させます。

③正常仕損の進捗度＝異常仕損の進捗度

　これは状況（簿記検定試験では問題文）によりますが、通常は異常仕損に正常仕損費を負担させません。

　工程別計算は簿記検定試験において、複数材料の投入や前工程費、仕損などを組み合わせることで情報量の多い一見複雑な問題を作りやすい分野です。

　情報が多すぎて頭がいっぱいいっぱいにならないようにするためにも、タイムテーブルを書いて、月初仕掛品・月末仕掛品・仕損・材料の投入それぞれの進捗度を把握することが非常に大切です。

05 組別総合原価計算

組別

うちは餃子一本で勝負してるよ！

なんて感じでメニューが１つしかないお店がありますよね

きっとこだわりやメリットがあるんでしょう

ですがこのタイプは少数派で、多くの企業は複数種類の製品を作っています。

ここまでは１種類の製品製造を前提としてきました。この項では製品が複数の場合を取り上げましょう。

製品の種類が異なればその材料や製造工程も異なるはずですからそれぞれの１個あたりの原価は違うはずです。

同一工程を経て異種製品を連続生産する場合に用いる方法を **組別総合原価計算**（くみべつそうごうげんかけいさん）と呼びます。
「組別」とは「製品種類別」という意味です。

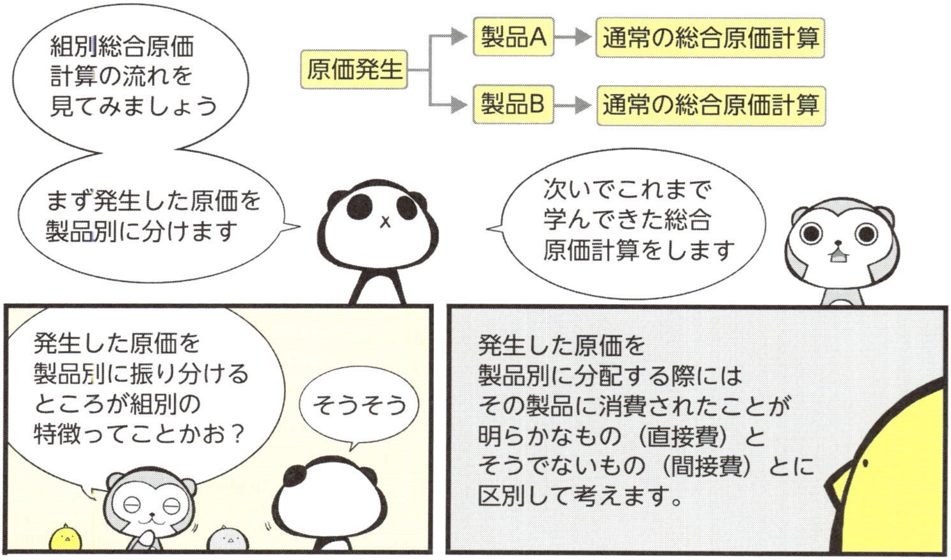

組別総合原価計算の流れを見てみましょう

原価発生 → 製品A → 通常の総合原価計算
原価発生 → 製品B → 通常の総合原価計算

まず発生した原価を製品別に分けます

次いでこれまで学んできた総合原価計算をします

発生した原価を製品別に振り分けるところが組別の特徴ってことかお？

そうそう

発生した原価を製品別に分配する際にはその製品に消費されたことが明らかなもの（直接費）とそうでないもの（間接費）とに区別して考えます。

組別総合原価計算ではこれらを
組直接費と**組間接費**と
呼びます。

```
         ┌─組直接費─┐直課┌─製品A
原価 ────┤         ├─→─┤
         └─組間接費─┘    └─製品B
                    配賦
```

総合原価計算において
直接費に該当するのは
直接材料費と一部の加工費です。
間接費は加工費に含まれます。

ですから**配賦の対象となるのは
加工費のうちの一部**です。

【当月製造費用】　　　　(円)

		製品A	製品B
直接材料費		400	300
加工費	組直接費	200	250
	組間接費	1,500	

製品AとBに
共通して生じた費用

【組間接費の配賦基準】　(時間)

	製品A	製品B
機械作業時間	20	30

例えば、
左表のように直接材料費と
加工費の組直接費、組間接費が
集計されます。
組間接費は機械作業時間などの
配賦基準でもって配賦されます。

【製品Aの加工費計算】
①組間接費

　　製品A：$\dfrac{1,500}{20+30} \times 20 = 600$円

②加工費
　　製品A：$200 + ① = 800$円

組間接費の配賦をすると
当月投入の加工費が判明するので
後は単純総合原価計算や
工程別総合原価計算によって
月末仕掛品原価、製品原価が
計算されます。

ただ3章の6で解説したように
間接費は操業度の影響を
受けてしまいます。

ですから組間接費は
実際配賦よりも
予定配賦が望まれます

工程別組別総合原価計算
なんてのになったら
計算量がスゴそうだね

そうだね

> 等価係数の求め方は次の2通りが考えられます

①重量や大きさなど生産後の数値を用いる
(原価要素別に等価係数を計算しない)

②生産時に要した消費時間などを用いる
(原価要素別に等価係数を計算する)

①は単純に完成品の大きさなどで比較するので計算の手間は少ないですが正確性がやや劣ります。

 100g(1)　　 50g(0.5)

対して、②は材料消費量や作業時間を製品別に計測して比率を求めるので手間が増える反面、正確性が高まります。

	大シュークリーム	小シュークリーム
材料	110g(1)	55g(0.5)
作業時間	20分(1)	15分(0.75)

> で、こうやって得られた等価係数(積数)を用いて原価を按分します

原価の按分においても材料費や加工費といった原価要素別に行なうか否かの2通りがあり、それぞれの長所・短所は以下の通りです。

原価要素別	簡便性	正確性
なし	高	低
あり	低	高

①原価要素別に按分しない場合

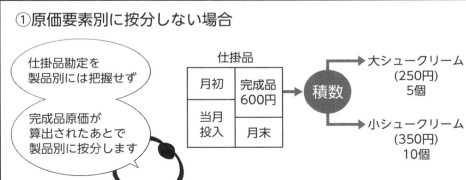

> 仕掛品勘定を製品別には把握せず
> 完成品原価が算出されたあとで製品別に按分します

仕掛品
| 月初 | 完成品 600円 |
| 当月投入 | 月末 |

→ 大シュークリーム (250円) 5個
→ 小シュークリーム (350円) 10個

②原価要素別に按分する場合

原価要素別に当月消費した金額を積数で按分して製品別に仕掛品を把握します

かなり組別に近い考え方です

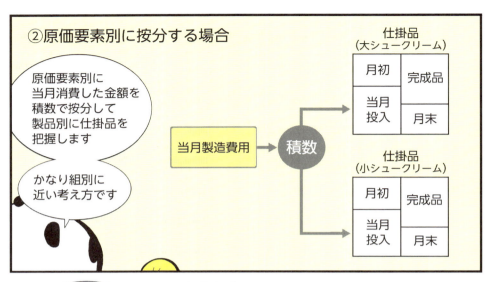

1）生産データ

仕掛品(大シュークリーム)（加工費）

月初 100個	完成品 220個
当月投入 250個	月末 130個

仕掛品(小シュークリーム)（加工費）

月初 150個	完成品 430個
当月投入 400個	月末 120個

原価要素別に等価係数を用いる場合の計算を具体的な数字で見てみましょう

ここでは加工費だけを取り上げますが本当なら材料費も按分計算します

2）等価係数

	大シュー	小シュー
加工費	1	0.75

3）当月製造費用(当月投入の費用)
　　加工費：16,500円

【当月投入の加工費の按分計算】

大シュー： $\dfrac{16{,}500円}{250+400\times 0.75} \times 250 = 7{,}500円$
（大シューの積数）（=300）

小シュー： $\dfrac{16{,}500円}{250+400\times 0.75} \times 300 = 9{,}000円$
（小シューの積数）（=300）

仕掛品に対するアウトプットかインプットいずれのタイミングで等価係数を用いるかの違いですね

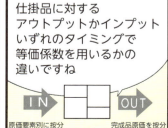

IN 原価要素別に按分　　OUT 完成品原価を按分

異種製品を大量生産する場合の総合原価計算

　多くの会社は複数の異なる製品を作っています。たい焼き屋さんだって普通のあんこ以外に、栗あんやカスタード入りを売っています。

　個別原価計算の場合は指図別に材料の消費量や労働力の消費時間を計測して原価に反映させます。ですから、製品の種類が複数であっても対応できます。

　総合原価計算では指図単位では認識しませんが、製品別にそれぞれの消費量・消費時間を計測することで複数製品に対応しています。

　製品別の材料費や労務費が判明したなら、あとは製品ごとに単純総合原価計算や工程別総合原価計算を行なえば原価が算定できます。

　この製品別に原価を集計する分類単位を「組」と呼んでいます。==「組別」とは「製品種類別」と読み替えてもかまわないでしょう。==

　ところで、異種製品といっても服のサイズ違いのように、その原価発生に類似性があるものについては、組別総合原価計算の簡便法を用いることができます。これを「**等級別総合原価計算**(とうきゅうべつそうごうげんかけいさん)」と呼びます。

　料理を作る際、例えば炒飯を作るとして、1人前を作るのも2人前を作るのもその作業内容や使用する材料に大きな違いはありません。ここで炒飯1人前と炒飯2人前を別々の製品と考えて消費材料や作業時間の比率を計測できれば、その比率を利用して両者に原価を配分することが可能となります。わざわざ1人前、2人前それぞれの組直接費を把握して、組間接費を配賦して、といったわずらわしい計算が不要になります。

　等級別総合原価計算は単純総合原価計算と組別総合原価計算の中間に位置する計算法と言えます。

コラム4 石油製品や豚肉の原価計算

　製品の中には同じ製造工程、同一原料から異種製品が必然的に作られるものがあります。例えば石油製品がこれに該当します。

　石油製品にはＬＰＧ（カセットコンロや給湯器の燃料）、ガソリン（自動車の燃料など）、灯油（暖房用燃料など）、軽油（ディーゼルエンジンの燃料）、重油（船舶やボイラーの燃料など）などがあります。

　これらの石油製品は原油を蒸留することでそれぞれの沸点の差によって分離されます。このように同一過程を経て製造される、相互に重要な経済的価値を持つ製品のことを「連産品」と呼びます。そして、その共通する工程で発生した原価を「連結原価」と言います。

　ちなみに豚肉なども豚を解体することで、ロースやヒレなどさまざまな部位の肉やラード、豚皮、毛が必然的に得られます。ゆえに、これらも連産品です。

　連産品はそれぞれが分離したあと、販売可能な状態になるまでさらに加工することが多いです。その分離後の加工費は、それぞれの製品に賦課すべきですが、連結原価は各製品に配賦しなければいけません。

　連結原価の配賦基準として、①産出量（kgやリットルなど）、②カロリー、比重などにもとづく等価係数、③各連産品の正常市価（市場における売価）にもとづく等価係数、が挙げられます。

　現行の原価計算は、発生した原価をできるだけ正確に当該製品に関連づけして積み重ねる方法であり、負担力主義（売価が高い製品ほど原価を多く負担する）ではありません。ですから本来、③の配賦基準は用いられるべきではないのですが、連産品の場合はそもそも製品種類別に連結原価を計算することが不可能です。ですから、連産品原価の計算では例外的に、③の正常市価基準が認められています。

5章 生産結果のよし悪しを分析する〜標準原価計算〜

原価の目標値を設定する

そう。
実際に消費した金額をもとに原価を計算すると同じ製品であってもその原価は月によって変動します。
この原因は
①材料費の季節変動
②作業能率・操業度の変動
などが挙げられます。

しかし原価に変動があると

今月は原価が高いな、何でだろう？

という疑問がわきます。

経営者の立場からすればその原因を特定して改善したくなります

KAIZENしなさい！

まぁその通りだお

そこで金額の大小を判断するためにも基準となる値を得ようと考えます。
過去の実績から科学的・統計的に製品の基準となる原価、つまり「あるべき原価」を設定します。
この原価を**標準原価**（ひょうじゅんげんか）と呼びます。

チーズケーキのレシピ

■材料
- 小麦粉（100g）……………0.2円/g×100g＝ 20円
- クリームチーズ（200g）…1円/g×200g＝ 200円
- 砂糖（100g）………………0.3円/g×100g＝ 30円
- 卵（1個）……………………20円/個×1個＝ 20円

■工程
① 材料を計測し、混ぜ合わせ、型に入れる
　　………賃率1,000円/時間×0.5時間＝ 500円
② 170℃に加熱したオーブンで45分間加熱
　　………間接費40円/時間×0.75時間＝ 30円

＊賃率とは時間あたりの労務費のことです
合計　800円

うん

こんな感じかな

5章　生産結果のよし悪しを分析する〜標準原価計算〜

あらかじめ消費する**単価**と**数量**を決めてしまい、チーズケーキ1個は800円でできる、というふうに標準原価を設定します。

この標準原価でもって製品原価を計算する方法を**標準原価計算**と呼びます。

仕掛品や製品勘定にもこの標準原価を用います。

原価要素別に単価と消費量をまとめて

こんなふうに表すこともあります

標準原価カード

Ⅰ 直接材料費	0.675円/g × 400g ＝	270円
Ⅱ 直接労務費	1,000円/時間 × 0.5時間 ＝	500円
Ⅲ 製造間接費	40円/時間 × 0.75時間 ＝	30円
	合計	800円

本書の3章、4章で学んできたのは実際に消費した金額をもとに計算する方法で**実際原価計算**と呼ばれます。

実際消費額を使ってるから実際原価計算……

そうそう

①原価管理
標準原価と実際原価に
ずれが生じた際、
その差異の原因を知り
対策を立てることができます。

｝差異 → 何で？

②財務諸表作成
標準原価を用いて製品・仕掛品など
棚卸資産の帳簿価額を
「標準原価×数量」で算定できます。

標準原価800円 →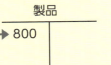
製品 800

③予算管理
統計的に信頼できる製品原価を
用いることで将来の利益等の
予測を正確に行なうことができます。

予想販売量 → 売上高／売上原価／売上総利益

④記帳の簡略化・迅速化
材料などの実際消費単価を
算出する前に仕掛品原価、
製品原価を算出できます。

実際原価の集計
標準原価による計算
並行可能

いろいろメリットがあるんだね

ついでに標準原価計算の一連の流れを見ておきましょう

⑥差異分析にもとづき改善措置に資する資料を作成する → ①標準原価の設定 → ②その月の生産量から標準原価を算出
⑤原価差異分析 ← ④標準原価と実際原価の差異を把握 ← ③実際原価の集計

標準原価の改訂は大体1年単位で行なわれます

標準原価計算の概要とメリット

　料理にはレシピがあります。例えば1人分のハンバーグを作るなら、以下のように材料や労働力を列挙できます。

材料	ひき肉150g、パン粉50g、卵1個、牛乳20g
所要時間	40分

　レシピの数字は言ってみれば目標値、あるべき数字です。「これだけの量の材料、時間を消費すれば料理が完成する」ということを示しています。
　しかしながらレシピ通りに作ったつもりでも、余分に材料を使ってしまったり、調理時間をオーバーしたりすることは十分あり得ます。その逆もまた然り。
　そんな場合でも「レシピ通りの数量・時間で完成させた」と言い張るのが「標準原価計算」です。

　標準原価とは、統計的に得られた単価、消費量を用いて計算された製品あたりの予測された原価です。その製品のあるべき原価と言えます。
　少しややこしい名称ですが、「ある製品1個あたりの標準原価」のことを**「原価標準」**と呼びます。
　「原価標準（1個あたりの標準原価）×完成品数量（生産量）＝完成品の標準原価」と考えるとわかりやすいでしょう。

　原価標準を決めるために、その製品1個を生産するために必要なものを原価要素ごとにその単価、消費量を設定します。それをまとめたものを「標準原価カード」と呼んだりします。

標準原価を用いることで、主に以下の４つのメリットが得られます。

①原価管理に役立つ

標準原価という目標を設定することで、実際原価との差を把握して、その差額がどういう理由で生じているかを分析できます。原価要素ごとに標準単価と標準消費量を設定しているので、細かな原因を探ることができ、今後の改善につなげることができます。

②財務諸表作成に役立つ

標準原価計算では製品、仕掛品の帳簿価額は標準原価で計算されます。もともと原価計算の目的の１つが財務会計に対する情報提供（製品、仕掛品の帳簿価額）ですので、これは標準原価計算特有のメリットとは言えないかもしれませんが、長所の１つとして挙げられます。

③予算管理に役立つ

製品品種ごとの原価が決定しているので、将来どの製品をどれだけ販売するのか（生産するのか）を予測できれば、「**完成品の標準原価＝原価標準×完成品数量**」で原価を求めることができます。製品には売価が設定されているので「**売上高＝売価×販売量**」、「**売上高－売上原価＝売上総利益（粗利）**」が計算できます。あとは営業費等を実績などから予測すれば営業利益が得られます。標準原価は予算を構成する重要な一要素として役立ちます。

④記帳の迅速化・簡便化につながる

予定価格、予定消費量などを用いることで、製品や仕掛品の帳簿価額を決定するために材料の実際消費単価や実際消費量の把握が必要ではなくなり、これらの計算結果を待つタイムロスを低減できます。

標準原価計算の勘定連絡図

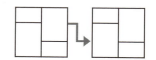

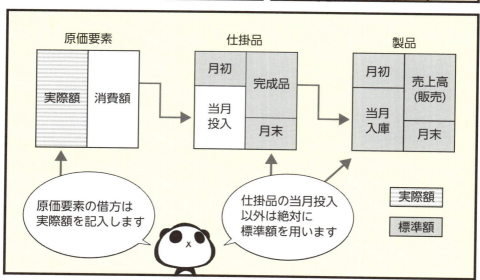

①シングルプラン (single plan)

原価要素の貸方、仕掛品の当月投入に**標準額**を記入する手法です。

「シングル＝たった1つ」という意味で、仕掛品勘定が標準額だけで構成されていることからこの名がつけられています。

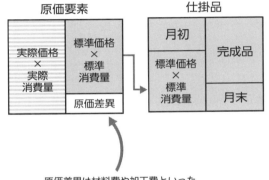

原価差異は材料費や加工費といった各原価要素の勘定で把握されます

②パーシャルプラン (partial plan)

原価要素の貸方、仕掛品の当月投入に**実際額**を記入する手法です。

「パーシャル＝部分的」という意味で、仕掛品勘定の一部に実際額が混ざった状態なのでこの名前となっています。

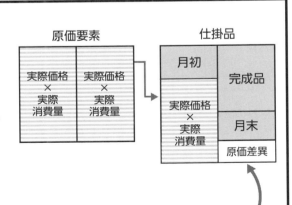

原価差異は仕掛品勘定で把握されます

③修正パーシャルプラン

その名前の通り
パーシャルプランの
改良版です。

製造直接費と製造間接費を
分離して考えます。

製造直接費については
標準価格×実際消費量
（＝価格差異を除いた原価）を、
製造間接費については
実際額を入力します。

原価要素

実際価格 × 実際 消費量	標準価格 × 実際 消費量
	原価差異

製造間接費

実際価格 × 実際 消費量	実際価格 × 実際 消費量

仕掛品

月初	完成品
標準価格 × 実際 消費量	
実際価格 × 実際 消費量	月末
	原価差異

価格差異、賃率差異を
原価要素の勘定で
把握します

価格差異、
賃率差異以外の
原価差異は仕掛品
勘定で把握されます

＊賃率差異……労務費の単価による差異

> 修正パーシャルプランは
> 製造部署の業績を
> 明確にするために
> 生み出されました

工程別計算で見たように
仕掛品勘定は工程（部門）別に
作成され、**仕掛品の原価明細**によって
それぞれの業績の良否が
判断できます。

ということは
各工程の仕掛品勘定に
その工程が管理できない要素が
含まれていると都合が悪いのです。

材料の購入価格や
人件費の単価などは
製造サイドの問題では
ありません。

NO

《《 外部要因

> ですから、これらに関する
> 原価差異を仕掛品勘定の
> 前の段階で分離してしまおう
> というのが修正パーシャル
> プランの意義です

責任会計視点の
パーシャルプラン

当月投入分の3つの記帳方法

「原価要素 ⇒ 仕掛品 ⇒ 製品 ⇒ 売上原価」

　この金額の流れは実際原価計算でも標準原価計算でも同じです。
　ただし標準原価計算の場合、仕掛品と製品の評価額は標準額によってなされます。仕掛品勘定を見たとき、唯一標準額ではない可能性があるのは当月投入分だけです。
　ここの数字が標準額なのか、実際額なのか、両者混在なのかによって3通りの記帳方法が挙げられます。どれを選択するかは会社の都合によるでしょう。方法はそれぞれ**①シングルプラン**、**②パーシャルプラン**、**③修正パーシャルプラン**と呼ばれます。

　①シングルプランは当月投入の金額を標準額とする方法で、仕掛品勘定のすべての金額が標準額となります。これは標準個別原価計算と相性のよい方法です。製造指図書別原価計算表で指図別の原価要素の合計値を記入しますが、この数字は標準原価でなければいけません。そうすると各原価要素の数字も標準原価にならざるを得ません。それゆえに当月投入金額も標準額となります。

　②パーシャルプランは当月投入金額を実際額とする方法です。仕掛品勘定で原価差異を認識できます。

　③修正パーシャルプランは当月投入金額を実際額と標準額の複合とする方法です。パーシャルプランの改良版です。
　製造直接費は価格差異（賃率差異）を除いた金額、製造間接費は実際額とします。管理可能なものだけを仕掛品勘定に記載することで管理者に対して有益な情報を提供することができます。

03 標準と実績の差異分析

予定6,000円－実際8,100円＝差異△2,100円

この差異が
どういう理由で
発生したかを考えて
みましょう

＊△はマイナスの意です

金額は単価と数量で
構成されているので
その2つの面で分析します

単価　　　数量

皿	パンダ	トラ	インコ	サル	合計
100円	5枚	9枚	1枚	0枚	15枚
200円	5枚	3枚	7枚	9枚	24枚
300円	0枚	0枚	0枚	6枚	6枚
金額	1,500円	1,500円	1,500円	3,600円	8,100円

これがみんなの食べた
皿の種類と枚数です

単価を計算すると
8,100円÷45枚
＝180円/枚

プピ～♪

予定額と実際額との差異を
分析すると次のような図で
表現できます。

価格差異…単価による差異
数量差異…消費数量による差異

(単価)
実際180円/枚

予定150円/枚

価格差異 △1,350円	
予定6,000円	数量差異 △750円

予定40枚　実際(数量)45枚

今回の食事では
価格差異、数量差異
どちらも予定より
悪い状態でした

価格差異＝(予定単価－実際単価)×実際数量
　　　　＝(150－180)×45＝△1,350

数量差異＝予定単価×(予定数量－実際数量)
　　　　＝150×(40－45)＝△750

5章　生産結果のよし悪しを分析する～標準原価計算～

これで差異2,100円の内訳が
①高い皿を食べ過ぎて1,350円、
②枚数が多かったせいで750円
だと判明しました。

差異2,100円 ─┬─ 単価高過ぎ：1,350円
　　　　　　└─ 枚数多過ぎ：750円

次からはこれを参考にして
対策を立てれば
予算内に収まるでしょう。

「もうさる夫は連れていかない」

こんな感じの差異分析を
行なうと今後の活動に
役立てることが
できます。

お許しを〜

標準原価計算でも
予定額と実際額との
差額を分析します。

差額

標準原価計算で把握される
差異の種類をまとめると
右表のようになります。

直接材料費の差異	価格差異	数量差異
直接労務費の差異	賃率差異	時間差異
製造間接費の差異	予算差異 操業度差異	能率差異

　　　　　　　　　　　　　　　↑　　　　↑
　　　　　　　　　　　　　　3章で　　標準原価計算で
　　　　　　　　　　　　　説明済み　　新たに把握
　　　　　　　　　　　　　　　　　　される差異

それぞれの左側の
差異については
すでに3章で
説明しています

まず**直接費**の差異分析を
見てみましょう。
手順は次の通りです。

①四角形の中にT字を書く。
②単価は縦軸、数量は横軸に書く。
　標準値は内側、実際値は外側に。
③標準から実際を減算して
　差異の金額を算出する。

(単価)
実際
標準

　　　　標準　実際
　　　　　　(数量)

① T字を書くのは
直接費（Tyokusetsuhi）の
頭文字から「T」と
覚えるといいでしょう。

どちらが正しいか
迷ったときに
役立ちます

どっちが正しい？

② 単価は「高い、低い」と
表現されるので、縦軸に記載するのは
イメージ通りでしょう。

標準値は実際値との大小にかかわらず
内側に書くようにしましょう。

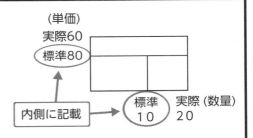

③ 原価差異の計算式は次の通りです。

$$価格差異 = (標準単価 - 実際単価) \times 実際数量$$
（賃率差異）

$$数量差異 = 標準単価 \times (標準数量 - 実際数量)$$
（時間差異）

ここでのポイントは
「標準から実際を減算する」
ところです

この計算の結果、
差異＞０なら有利差異、
差異＜０なら不利差異と
判定できます

予定よりも少ない金額で済めば
その差異を<u>有利差異</u>と呼び、
予定よりも多くの金額を要したら
その差異を<u>不利差異</u>と呼びます。

原価差異＞０　⇒　有利差異
原価差異＜０　⇒　不利差異

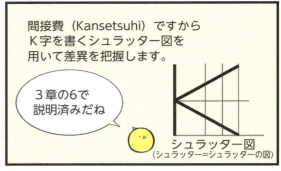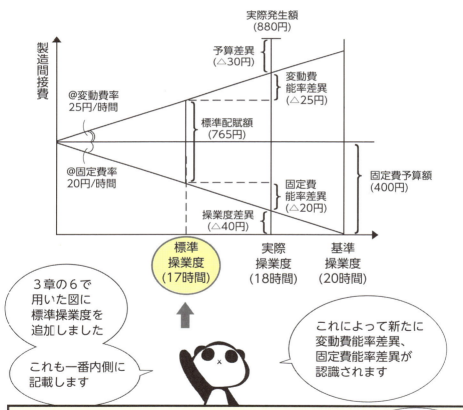

製品1個を作るために必要な時間は設定済みなので実際の生産量から「消費されるべき時間」が計算されます。

標準消費時間＝時間/個×生産量

この例では、実際生産量から17時間消費されるべきと計算されるけれども実際には18時間かかってしまったことを意味します。

これは作業員の作業効率や機械のトラブル等に起因します。

これを原因とする原価差異のことを**能率差異**と呼びます。

能率差異はその名の通り能率の良否を示す差異です。

もちろん能率がよかった場合には有利差異となります。

みんな頑張ってくれた場合ですね

総括すると標準原価計算では数量や時間に関する差異も把握されるということです

これは効率、能率の状態を知る上でとても貴重な情報です。

てきぱき　だら〜

より細かい差異分析をすることで経営に役立つ情報が得られるわけです

キリッ

予定通りに工場が稼働したとしても、無駄な時間消費が多く予定通りの製品数を生産できなければ想定以上の原価が生じることになります。

これは操業度差異だけでは認識できず、能率差異によって把握されるものです。

標準原価計算での差異分析

　標準原価計算では消費量や消費時間についても予定値を設定しているのでこれらに関する原価差異を把握することができます。

「材料を無駄なく使ったから予定より節約できた」
「想定よりも少ない時間で作業を完了した」

　材料消費量や時間消費量の多寡というと、効率や能率といったニュアンスを感じます。これは企業努力でよくも悪くもなるものです。
　標準原価計算の目的の1つは原価管理ですから、工場の作業効率による原価増減の影響を把握することができます。
　原価差異分析の図は製造直接費と製造間接費では少し異なります。これは製造間接費がその配賦をより正確なものにするために変動費と固定費に分離して考えているからです。
　製造直接費で認識される差異は**価格差異**（賃率差異）と**数量差異**（時間差異）の2種類です。その名の通り、「単価（賃率）が異なることによる差異」と「消費量（時間数）が異なることによる差異」です。
　直接材料費と直接労務費の差異分析をする際には四角形の中にT字を書き、上部を価格差異とするのが一般的です。ですが、実際には図の右上の部分は価格（賃率）による差異と数量（時間）による差異の両方が混じったものです。

	標準	実際（数量）
実際（単価）	価格差異	価格差異 & 数量差異
標準	標準原価	数量差異

それをあえてＴ字にしてしまう（価格差異・賃率差異に含めてしまう）のには理由があります。価格差異（賃率差異）は企業外部の要因によるところが大きいのですが、数量差異（時間差異）は企業内の製造活動の良否によるものです。

　企業活動の役に立てるための情報提供を目的とするなら、外部要因を取り除いた情報にすべきです。ですから、価格差異の混じった右上の部分を切り捨てて、純粋な数量差異（時間差異）のみを示すような計算を行なっています。

　一方、製造間接費の原価差異で認識されるのは予算差異、操業度差異、能率差異（変動費、固定費）です。標準原価計算で新たに認識されるのは能率差異です。これらを計算するためには、基準操業度、実際操業度、標準操業度が必要です。

　基準操業度はその1年間に予想される工場稼働量を指します。求め方は複数あり、どれを選択するかは会社の都合によりますが、現在では販売の可能性も考慮した上で生産量を予測して操業度を決めることが多いようです。

　簿記検定試験では製造間接費の予算額が与えられ、これを製造間接費の配賦率で割って基準操業度を計算するケースが多いです。

　実際操業度は実際の稼働時間を指します。

　標準操業度は当月の加工量から予想される「あるべき稼働時間」です。**これが実際操業度と比較され、標準操業度＜実際操業度であれば余計に時間がかかったことを意味し、標準操業度＞実際操業度であれば作業能率が高かったことを意味します。**

　原価差異分析によって差異の原因を細かく調べ、どこを改善すべきかを知ることで企業活動をよい方向へ進ませることができます。

04 標準原価計算における失敗

この正常仕損率、つまり良品に対する仕損発生率に標準値を設定しておきます。

アップルパイは良品の25%が失敗するな〜

正常仕損率はその名の通り正常仕損の発生率を指します。ですからこの仕損費は良品に負担させるのが妥当です。

そしてこの負担は原価標準の段階で原価に組み込んでおきます

正常仕損率分を上乗せします

原価標準カード

リンゴ：100円/個　×1個　　＝　　100円
労務費：1,000円/時間　×1時間　＝　1,000円
　　　　　　　　　　合計　　　1,100円

この原価標準をもとに仕損率を反映させてみましょう

以下の2通りがあります

原価標準カード

リンゴ：100円/個　×1.25個　＝　125円
労務費：1,000円/時間　×1.25時間　＝　1,250円
　　　　　　標準製造原価　　1,375円

25%増し

これは数量、時間の部分に仕損率を掛ける方法です

原価標準カード

リンゴ：100円/個　　×1個　　＝　　100円
労務費：1,000円/時間　×1時間　＝　1,000円
　　　　　正味標準製造原価　　　1,100円
仕損費　　1,100円×25%　＝　275円
　　　　　総標準製造原価　　　1,375円

もう1つは仕損費を別途計算して加算する方法です

仕損費の行を追加

＊正味標準製造原価とは…元々の原価標準と考えてください

これらの方法には
決まった名称がないため
便宜上、前者を第1法、
後者を第2法と呼ぶことにします。

第1法 第2法

第1法は仕損費を含んだ状態で
製品1個あたりの標準原価が
計算されます。

原価標準

元の原価標準×(1＋正常仕損率)

ですから期末仕掛品の標準原価には
必ず仕損費分が含まれます。

仕損発生点の経過に
応じて仕損費の負担有無を
考えることは不可能です。

↑
仕損費を負担

これは仕損費を
分離把握しない
度外視法に相当する
方法だと言えます

度外視法

第2法は製品1個あたりの
標準原価と仕損費を
分離表示しているので
期末仕掛品への仕損費の
負担有無を考えることが
可能です。

原価標準

| 元の原価標準 | 仕損費 |

もし仕損費の負担をさせないなら
こちらの原価標準を用いればよい

これは非度外視法に
相当する方法だと言えます。
原価の正確な配分を
考えるなら第2法のほうが
優れています。

非度外視法

ここで第2法の例を
見てみましょう

パーシャルプランでの
標準総合原価計算です

例. 当社はアップルパイを量産し、パーシャルプランの標準総合原価計算を行なっています。以下の資料を元に仕掛品勘定を作成し、原価差異分析を行なってください。

1. アップルパイの原価標準

直接材料費	10円/g×200g	=	2,000円
直接労務費	1,000円/時間×1時間	=	1,000円
変動製造間接費	40円/時間×1時間	=	40円
固定製造間接費	60円/時間×1時間	=	60円
		合計	3,100円

(注)固定製造間接費の予算は66,000円(月額)です。

2. アップルパイの生産データ

月初仕掛品	200	(0.3)
当月投入	980	
仕損品	30	(0.5)
月末仕掛品	150	(0.6)
完成品	1,000	

＊原材料は工程の始点で投入されます
( )内は加工費の進捗度を示します

3. 当月の実際製造費用

直接材料費	12円/g×195,000g	・・・・	2,340,000円
直接労務費	980円/時間×1,000時間	・・・	980,000円
変動製造間接費	・・・・・・・・・・・・・・		40,000円
固定製造間接費	・・・・・・・・・・・・・・		55,000円

4. 正常仕損と異常仕損

加工費進捗度0.5の地点で正常仕損が発生します。
正常仕損率は良品に対して2％であり、それ以上発生した仕損は異常仕損とします。
正常仕損費は異常仕損費には負担させないものとします。

5. 原価標準の設定

原価標準の中に正常仕損費を組み込む方法は、正味標準製造原価に正常仕損費を特別費として加算する方法を用います。

まずは第2法による原価標準を求めます

直接材料費	10円/g×200g	= 2,000円
直接労務費	1,000円/時間×1時間	= 1,000円
変動製造間接費	40円/時間×1時間	= 40円
固定製造間接費	60円/時間×1時間	= 60円
	合計（正味標準製造原価）	3,100円
正常仕損費	*2,550円/個×2%	= 51円
	総標準製造原価	3,151円

＊仕損発生点(0.5)までの正味標準製造原価

直接材料費	2,000円 × 1	= 2,000円
直接労務費	1,000円 × 0.5	= 500円
変動製造間接費	40円 × 0.5	= 20円
固定製造間接費	60円 × 0.5	= 30円
	合計	2,550円

材料は始点で投入されているので進捗度は1.0とします

仕損発生時の標準原価で仕損費の計算をします

生産データをまとめるとこのようになります

仕掛品

月初 200個(60)	完成品 1,000個(1,000)
当月投入 980個(1,045)	正常仕損 20個(10)
	異常仕損 7個(3.5)
	正常仕損 3個(1.5)
	月末 150個(90)

1,000×2%

仕損30－(20＋3)
（2%を超える量は異常仕損とします）

150×2%

正常仕損は良品の2%が発生するので完成品、月末仕掛品から数量を計算します

＊( )は完成品換算量です

完成品原価　3,151円×1,000個 ＝ 3,151,000円

月初仕掛品原価
　直接材料費　2,000円×200個　　　＝　　400,000円
　直接労務費　1,000円×60個　　　　＝　　 60,000円
　製造間接費　(40円＋60円)×60個　＝　　 6,000円
　合計　　　　　　　　　　　　　　　　　466,000円

（月初仕掛品は仕損発生地点を経過していないので仕損費は負担しません）

月末仕掛品原価
　直接材料費　2,000円×150個　　　＝　　300,000円
　直接労務費　1,000円×90個　　　　＝　　 90,000円
　製造間接費　(40円＋60円)×90個　＝　　 9,000円
　正常仕損費　51円×150個　　　　　＝　　 7,650円
　合計　　　　　　　　　　　　　　　　　406,650円

異常仕損費
　直接材料費　2,000円×7個　　　　　＝　 14,000円
　直接労務費　1,000円×3.5個　　　　＝　 3,500円
　製造間接費　(40円＋60円)×3.5個　 ＝　 350円
　合計　　　　　　　　　　　　　　　　　 17,850円

仕掛品

月初　　　　　　466,000円	完成品　　　　　　3,151,000円
当月投入　　　　　　　　　　　　　　　　　直接材料費　2,340,000円　　直接労務費　　980,000円　　変動製造間接費　40,000円　　固定製造間接費　55,000円	異常仕損　　　　　　17,850円
	月末　　　　　　　　406,650円
	原価差異　　　　　　305,500円

実際発生額を入力

【標準原価差異の分析】

①直接材料費差異

実際12円
標準10円

価格差異	△390,000円
標準直接材料費 1,960,000円	数量差異 +10,000円

標準 196,000g　実際 195,000g

＊標準消費量＝200g／個×980個
　　　　　　＝196,000g

②直接労務費差異

実際980円
標準1,000円

賃率差異	+20,000円
標準直接労務費 1,045,000円	時間差異 +45,000円

標準 1,045時間　実際 1,000時間

＊標準時間＝1時間／個×1,045個＝1,045時間

③製造間接費差異

実際発生額 (95,000円) 40,000＋55,000

予算差異 (+11,000円)
40×1,000＋66,000－95,000

変動費能率差異 (+1,800円)
45×40

変動費率 40円／時間

標準配賦額 (1,045,000円)
(45＋60)×1,045

固定費率 60円／時間

固定費能率差異 (+2,700円)
45×60

固定費予算額 (66,000円)

操業度差異 (△6,000円)
60×△100

標準操業度 (1,045時間)　実際操業度 (1,000時間)　基準操業度 (1,100時間＝固定費予算÷固定費率)

1,045－1,000＝45　1,000－1,100＝△100

標準原価計算での仕損と減損の計算方法

　標準原価計算では正常仕損・正常減損の発生率に標準値（正常仕損率）を設定し、正常仕損費を原価標準に組み込むことができます。
　もし、実際の仕損量が正常仕損率を超えていれば、それは異常仕損と見なします。
　原価標準の設定には次の2通りあります。
①正常仕損率を消費量に乗じる方法
②正常仕損費を特別費用として追加表示する方法

　①は正常仕損費が原価標準に組み込まれてしまっており、正常仕損費を独立認識できません。ですから月初仕掛品原価、月末仕掛品原価は、仕損発生点を通過したか否かにかかわらず、正常仕損費が含まれた標準原価で計算されます。これは度外視法に相当し、正確性が高いとは言いがたい方法です。計算をする際は度外視法同様、仕損品は無視されます。

　②は元々の原価標準と正常仕損費を別々に表示しています。ですから月初仕掛品、月末仕掛品への正常仕損費の負担の有無を考えることができます。簿記検定試験では、①よりも②の方法のほうが多く出題されます。
　ちなみに標準原価計算では月初仕掛品が仕損発生点を経過しているかについて厳密に考えます。
　実際原価計算の先入先出法では、計算が煩雑になるため月初仕掛品の正常仕損費の負担は基本的にないものとして考えます。
　ですが標準原価計算では、月初仕掛品が仕損発生点を経過していれば月初仕掛品原価にも正常仕損費を追加します。そして完成品から生じる正常仕損品が「(完成品数量－月初仕掛品数量)×正常仕損率」で計算されます（月初仕掛品の分はすでに計上されているからです）。

05 原価差異の流れと処理

製品や仕掛品を標準原価で評価しても現金などの支払いは実際原価で行なっているので最終的にこの差額分をどこかで調整しなければいけません。

実際原価 140円 / 標準原価 100円 → 原価差異（40円）

差額の流れをまとめてみました

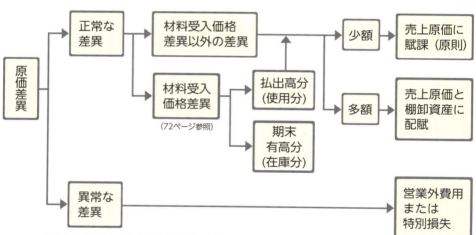

＊異常な差異は災害などに起因する原価性のない差異を指します

正常な原価差異であれば原則として売上原価に賦課します。

よいしょっ

ただし標準の設定が不適切だったために多額な差異が生じた場合は売上原価と棚卸資産に配賦します。

原価差異が出たときの調整方法

　原価差異は材料受入価格差異（72ページ参照）を除いて、原則として売上原価とします。3章でも説明したように、材料受入価格差異は消費していない材料についても差異を認識しているので、その差異すべてを売上原価に割りあてて負担させるのは合理的ではありません。

　損益計算書には売上原価の下端に原価差異を表示します。

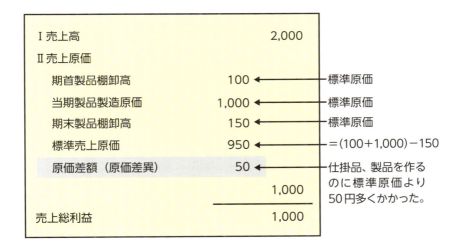

　原価差異が少額であれば、すべて売上原価とします。ただし、原価標準の設定自体が誤っており、多額の差異が生じた場合はその限りではありません。この場合は売上原価、期末製品、期末仕掛品に追加配賦することになります。

　追加配賦の際、配賦基準となるのはそれぞれの**①完成品換算量**、もしくは、**②標準原価**の2通りが考えられます。①は差異の生じた原価要素別にそれに応じた原価配分割合を用いるので正確性が高い反面、計算の手間が多くなります。②は逆に原価要素別には見ないため正確性を犠牲にした簡便法と言えます。

コラム5 私が実際に行なっている原価計算

　等級別総合原価計算。私が実務で経験したことがある原価計算です。
　ここでは私が実際にどんなことをしているかを簡単に説明します。

　理論の勉強も大事ですが、それが実際にどのように活用されているかを知ることで学習に対する意欲が増すと思います。ですから、実務の一例としてざっくりとご紹介します（会社によって独自の方法があるはずですので、あくまで一例としてお考えください）。

①機械が稼働するための準備時間や消費電力、消費蒸気、携わる人員の数などを原価計算システムに入力します。
②製品種類ごとに使用する材料、加工する機械や速度などの情報を原価計算システムに登録します。
③製品は製造工程の類似性などにより、複数の大きなカテゴリーに分類されます。
④1か月間に生じた費用はカテゴリー別に賦課、配賦され当月製造費用が把握されます。
⑤月末に残っている仕掛品のリストからその評価額を算出し（進捗度によって計算します）、製品へ振り替えられる金額を算定します。
⑥製品ごとに等価係数を持っているので、積数（＝等価係数×生産量）に応じて⑤の製品原価を各製品へ按分します。

　実務の原価計算に触れてみると何とも泥臭いというか、現場に密着してその実態を把握しなければいけない作業であることがわかります。
　機械の能力の把握であったり、製造間接費をいかに合理的に配賦するかなど、理論の学習では出てこない問題に頭を悩ませることが多いです。

6章 何個売れば儲けが出るの？
～直接原価計算～

01 翌1年間の利益計画を立てるために

翌年度に獲得する目標利益や
それを達成するための
生産販売計画のことを
短期利益計画と呼びます。

これは具体的な数字を決めます

では目標利益を達成するための生産販売量はどうやったらわかるでしょう

！

$$目標販売量 = \frac{目標利益}{製品1個あたりの営業利益}$$

これでいいんじゃない？

うん
違います

というのも
原価は売上高の増減に対して
比例的な動きをする変動費と
売上高に関係なく一定額
発生する固定費とで
構成されているからです。

例えば損益計算書を
代数で簡単に表すと
このようになります

損益計算書

売上高	P X
売上原価	A X ＋ B
売上総利益	（P − A）X − B
営業費	C X ＋ D
営業利益	（P − A − C）X − B − D

P ＝販売単価　X ＝販売量
A ＝変動製造原価単価　B ＝固定製造原価
C ＝変動営業費単価　D ＝固定営業費

この中で売上高の
増減によって
比例的に変動するのは
「販売量」を掛けている
ものだけです

損益計算書

売上高	P X
売上原価	A X ＋ B
売上総利益	（P − A）X − B
営業費	C X ＋ D
営業利益	（P − A − C）X − B − D

↑白抜きの部分です

6章　何個売れば儲けが出るの？〜直接原価計算〜

これに加えて固定製造原価は
販売されなかった
期末製品や期末仕掛品に
配賦されてしまいます
(発生した期に費用化されない)。

これにより売上高が同じでも期によって
売上原価に計上される固定費が
変動してしまいます。

なので売上高の変動に
よって原価や利益が
どう変わるのか予測が
つかないのです

売上高　　100 → 200
売上原価　 50 → ？
営業利益　 10 → ？

話の流れから言って
固定費がネックなのかな

その通り

目標利益の計算に固定費が邪魔なのです。

ですから変動費と固定費を分離して
変動製造原価のみで製品原価を計算します。
これを**直接原価計算**と呼びます。

対して、これまで学んできた通常の
原価計算のことを**全部原価計算**と呼びます。

百聞は一見に如かず

直接原価計算での
損益計算書を
見てみましょう

損益計算書

売上高　　　　　　P X
変動売上原価　　　A X
変動製造マージン　(P－A) X
変動販売費　　　　C X
貢献利益　　　　　(P－A－C) X
固定費　　　　　　B'＋D'
営業利益　　　　　(P－A－C) X－B'－D'

X＝販売量　　P＝販売単価
A＝変動製造原価単価　B'＝固定製造原価
C＝変動営業費単価　　D'＝固定営業費

売上高から貢献利益までは
販売量に比例する項目で、
その変動が容易に予測できる
ようになっています。
固定費は下部に追いやられています。

次項以降で
この直接原価計算に
ついてもう少し詳しく
見ていきましょう

変動費と固定費をそれぞれ把握して経営計画を立てる

　企業は通常3〜5年の中長期の経営計画を立てます。利益を獲得できなければいずれ倒産してしまうので今後の見通しを立てる必要があります。大筋の計画を立てたら、次はより具体的な計画として今後1年間の短期経営計画を立てます。

　個人が目標を立てて、それを実現するための方法に類似しているかもしれません。まず目標までの大枠を決め、次にそこへ到達する行程を具体的な行動にまで落とし込む手法と似ていないでしょうか。

　この6章はこれまでとその内容がガラリと変わります。

　これまでは外部報告用の原価計算を中心に学んできました。つまり、財務会計に属する領域です。ですが、利益計画のように企業内部でのみ利用する会計は「管理会計」の領域です。扱う資料の作成方法も大きく異なります。財務会計で採用される原価計算を「**全部原価計算**」、管理会計で利用されるものを「**直接原価計算**」と呼びます。

　この章では直接原価計算を中心に据えて展開していきます。

　将来の利益を予測するための起点となるのは**営業量**です。営業量とは売上高や売上量（販売量）、工場の稼働量などがこれに該当します。

　例えば1年後の売上高が現在の10％増になると予想される場合、その期間の原価、利益がどのようになるのかが算出できなければいけません。残念ながら全部原価計算ではこの問題を解決できません。理由は全部原価計算方式の原価や利益が売上高の変動に連動する構造ではないからです。

　売上高が変動すればそれに応じて原価、利益も変動する。そんな動きをするのが直接原価計算です。変動費と固定費を分離把握するこの手法を学んで経営に資する力を身につけましょう。

02 直接原価計算とは

利益計画のための道具

変動費と固定費を分離しなければ利益計画には役立ちません

そこで変動費と固定費を分離した直接原価計算を行ないます。

直接原価計算

直接原価計算と全部原価計算の違いは次の2点です。

① 損益計算書の表示方法
② 固定費の費用化の時期

損益計算書(直接原価計算方式)

売上高 ・・・・・・・・・・販売単価×販売量
変動売上原価 ・・・・・・変動製造原価の単価×販売量
変動製造マージン ・・・売上高－変動売上原価
変動販売費 ・・・・・・・変動販売費の単価×販売量
貢献利益 ・・・・・・・・変動製造マージン－変動販売費
製造固定費
固定販売費及び一般管理費 }・・固定費(その月の発生額すべて)
営業利益 ・・・・・・・・貢献利益－(製造固定費＋固定販管費)

① 損益計算書の内容を確認しましょう

新しい用語が出てきてややこしく見えますが、要は原価の並びを変えたのです

損益計算書

変動費を先に ➡ 売上高
変動費(製造原価＋営業費)
貢献利益
固定費を後に ➡ 固定費(製造原価＋営業費)
営業利益

変動費を先に持ってくることで**貢献利益**という売上高の増減と連動する利益を算出できます。

この貢献利益こそが直接原価計算の主要な目的の1つと言えます。

ほう

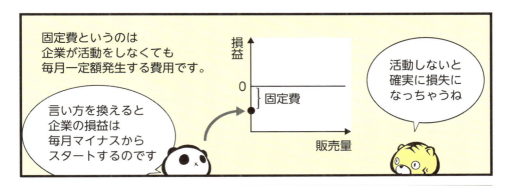

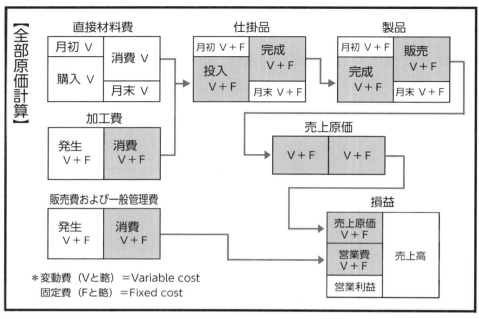
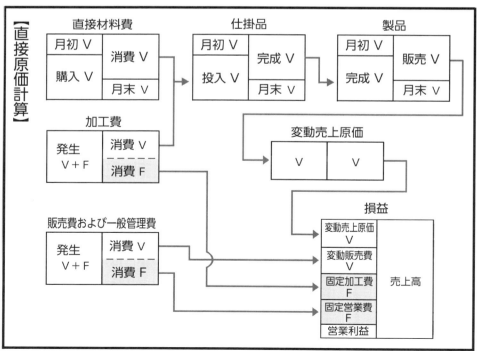

全部原価計算の月末仕掛品、月末製品には製造固定費が含まれています。

仕掛品	
月初 V + F	完成 V + F
投入 V + F	月末 V + F

製品	
月初 V + F	販売 V + F
完成 V + F	月末 V + F

これは製造固定費が資産として計上され、この月の損益に反映されないことを意味します。

このせいで月々の費用化される固定費に差異が生じてしまいます。

一方、直接原価計算では製品、仕掛品原価は変動費のみからなり、発生した固定費はすべてその月の損益に組み込まれます。

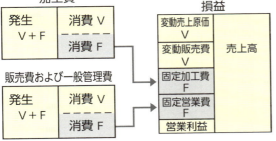

これにより直接原価計算では毎月の損益に計上される固定費は一定になります。

こうすることで売上高の増減に連動して営業利益も増減する理解しやすい損益計算書ができあがります。

予測に役立つ損益計算書

全部原価計算と直接原価計算では損益の金額が違う？

そう営業利益が違うんです

それはどっちが正しいの？

考え方の違いですね

外部報告用としては全部原価計算を用いなければいけませんが

まぁ、用途によって使い分けると考えればいいでしょう

6章 何個売れば儲けが出るの？〜直接原価計算〜

計画に役立つ直接原価計算

　利益計画を立てるためには売上高の変動によって売上原価、利益がどのように動くか予測できなければいけません。
　その点、一般的な原価計算の仕組みではこの要望に応えることができません。その原因は製造固定費です。従来の原価計算は製品原価、仕掛品原価に製造固定費が含まれています。これにより生産と販売の時期のズレが生じ、売上と原価との間に連動性がなくなってしまうのです（逆に言えば、生産したものをその期にすべて販売していればズレは生じません）。
　そこで生産と販売の時期のズレをなくすため原価の構成を考え直します。製品原価、仕掛品原価の中に製造固定費が含まれていることに問題があるので、これら原価の中から製造固定費を除いてしまいます。そして、原価から除外された製造固定費は資産へは振り替えられず、その全額がその期の損益に反映されます。
　こうしてできあがった直接原価計算の位置づけは、実際原価計算や標準原価計算といった原価計算の一形態というよりも、後述する原価、営業量、利益の関係を分析するための損益計算方式なのです。

　少し話題が変わりますが「費用は売上高で回収する」という発想があります。まず製品を製造するために材料費や労務費が発生し、次に完成した製品を販売することで収益が生じます。費用⇒収益の順番です。これは製造業に限った話ではなく、卸売業でも同じです。
　ここで変動費と固定費、この2種の原価の回収優先度について考えてみましょう。どちらの回収を優先すべきか、です。
　変動費の代表的なものとしては材料費が挙げられます。原材料は生産販売活動のために常に消費され、その支払いも短期的（数か月以内）に行なわなければいけません。
　一方、固定費の代表例には減価償却費があります。減価償却資産の取得に要した金額の支払いは購入後数か月以内に済まされ、残りの耐用年数の

期間は現金の流出はなく、費用が発生するだけです。

　両者を比較すると、変動費はその金額を回収できないと次の生産販売活動を行なうことができず即座に窮することになります。固定費は仮にその回収が未達に終わったからといって、すぐに会社が倒産に追い込まれるわけではありません。**つまり、変動費は先に回収すべきであり、固定費は後で回収してもよい原価なのです。**

　よって売上高からまず変動費を回収します。この残額が貢献利益であり、これでもって固定費を回収し利益を上げます。

　直接原価計算は、内部報告用に有益な情報を提供します。そこで直接原価計算支持者たちは、これを外部報告用としても採用すべきと主張しました。1950年代半ばから約10年間にわたりこの論争が行なわれました。

　直接原価計算派の論拠は、「全部原価計算では売上高が同じであっても期が異なれば利益が異なってしまう。これは計算方法が狂っているからだ」というものでした。直接原価計算派は期間利益は販売によって生じ（販売と利益は連動すべきだ）、資産の本質を未来原価回避能力（原価とすべきは製造変動費であってその製品の製造に関係なく生ずる固定費は製品原価ではない）にあるとしました。

　一方、全部原価計算派は期間利益は生産活動と販売活動によって生じ（利益は生産と販売に影響される）、資産の本質を未来収益稼得能力にあるとしました。ですから、製品原価は変動費も固定費も含むべきだと考えました。

　論争の結果、全部原価計算が外部報告用であることに変わりはありませんでした。全部原価計算は長期的、直接原価計算は短期的な思考にもとづいており、長期的には両者の利益は一致するはずです。そして、固定費調整という両者の利益を一致させる方法によってこの対立は解決しました。

03 固定費調整

直接原価計算と全部原価計算の営業利益は異なっています

これは固定製造原価を費用化する時期のズレによるものです。

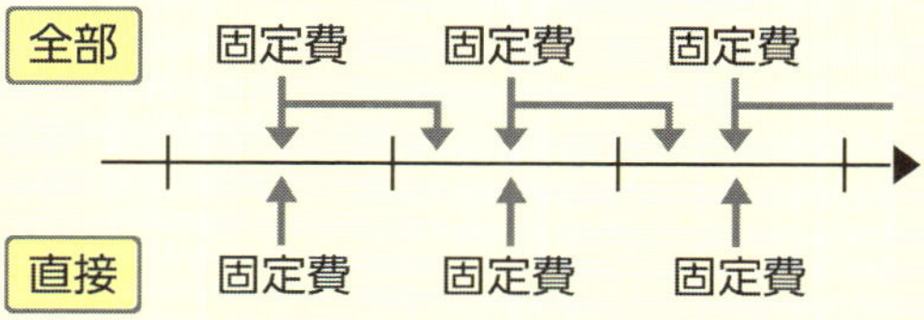

直接と全部の営業利益を合わせる

直接原価計算の損益計算は外部用資料としては認められていないので直接原価計算の営業利益を全部原価計算の営業利益に変換する必要があります。

直接原価計算の営業利益 → 全部原価計算の営業利益

てなわけで直接原価計算の営業利益を全部原価計算に変換してみましょう

直接原価計算の営業利益を全部原価計算の営業利益に修正する手続きのことを**固定費調整**（こていひちょうせい）と呼びます。

棚卸資産に含まれる製造固定費がズレの原因ですからそれを加算減算することで調整が可能です。

全部原価計算の営業利益 ＝ 直接原価計算の営業利益 － 期首仕掛品・期首製品の製造固定費 ＋ 期末仕掛品・期末製品の製造固定費

このような式で計算できます

こうなる理由を図で見てみましょう

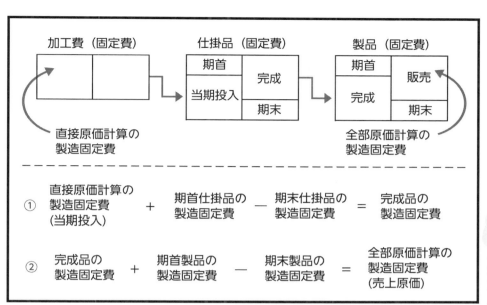

① 直接原価計算の製造固定費（当期投入） ＋ 期首仕掛品の製造固定費 － 期末仕掛品の製造固定費 ＝ 完成品の製造固定費

② 完成品の製造固定費 ＋ 期首製品の製造固定費 － 期末製品の製造固定費 ＝ 全部原価計算の製造固定費（売上原価）

①が仕掛品、②が製品の収支計算を意味します。

 甲＋乙－丁＝丙

直接 ＋ (期首仕掛品／期首製品) － (期末仕掛品／期末製品) ＝ 全部

直接と全部にはこれだけの差があるのです

この差額をαとして両者を一致させようとすると例えばこのように表現できます。

	全部	直接
収益	A	A
費用	X	Y＋α

＊X＝Y＋α

ふむ

ここから利益を算出するとこうなります

	全部	直接
収益	A	A
費用	X	Y＋α
利益	A－X	A－Y－α

ほうほう

6章 何個売れば儲けが出るの？〜直接原価計算〜

今やりたいことは
営業利益（直接）⇒営業利益（全部）
の変換なので利益に着目します。

営業利益（全部）＝営業利益（直接）－差額
　（A－X）　　　　（A－Y）　　（α）

すると「－α」を加算することで利益が調整できることがわかります

$$\alpha = \begin{matrix}期首仕掛品\\期首製品\end{matrix} - \begin{matrix}期末仕掛品\\期末製品\end{matrix}$$

なのでこれを代入すると

| 全部原価計算の営業利益 | ＝ | 直接原価計算の営業利益 | － | 期首仕掛品期首製品の製造固定費 | ＋ | 期末仕掛品期末製品の製造固定費 |

これで、はじめに説明した式（190ページ参照）になりました。

順序立てて考えれば丸暗記せずとも思い出すことができると思います

固定費収支
↓
利益に加算

……あれ？

それでも期首と期末がごっちゃになってしまうときはコツを使いましょう

思い出すコツは文字の中に「＋」が含まれる「期末」は加算。それ以外(期首)は減算、とすればよいでしょう。

期末

固定費調整は少し計算量が多く大変な問題かもしれません

仕組みをじっくり理解してください

固定費調整で利益のズレを整える

直接原価計算の営業利益と全部原価計算の営業利益は異なります。売上高は同じですが、費用が異なるため利益が違ってしまいます。その原因は製造固定費です。

全部原価計算は製品原価、仕掛品原価に製造固定費が含まれています。製品は販売されてはじめて費用化されます。ですから固定費が発生した期に販売されなかった分は費用化されません。

一方、直接原価計算は発生した製造固定費を仕掛品原価、製品原価には含めず、すべてその期の費用とします。

ここで両者の間に製造固定費を費用化する時期のズレが生じ、結果、営業利益が一致しない事態となるのです。

利益のズレの原因が棚卸資産に含まれる製造固定費であるなら、これを加算減算することで両者の利益を一致させることが可能だとわかります。直接原価計算の利益を全部原価計算の利益に調整することを「**固定費調整**」と呼びます。固定費調整は以下の式で行なうことができます。

「**営業利益（全部）＝営業利益（直接）
－期首製品・仕掛品の製造固定費＋期末製品・仕掛品の製造固定費**」

なぜこんなにややこしい式なのか？

それは直接原価計算と全部原価計算の製造固定費を一致させるために仕掛品収支、製品収支と順序立てて考えてみれば理解できます。

この算式を丸暗記せずともボックス図を書いていけば導き出せるはずですが、手っ取り早く思い出すなら「期末はプラス」とだけ覚えておくのも効果的かもしれません。

04 原価と営業量と利益の関係

CVP

売価　　　250円/個
変動費　　100円/個
貢献利益　150円/個
固定費　　180,000円/月

プリンの製造販売をしているお店があるとしましょう

プリン専門店？

このお店の売上高と損益との関連を考えてみましょう

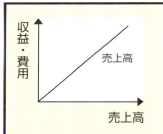

横軸を売上高、縦軸を収益・費用とすれば45度の直線が書けます。

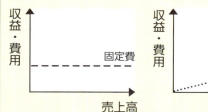

費用のうち固定費は売上高にかかわらず一定額生じます。

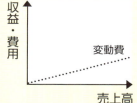

変動費は売上高に比例します。

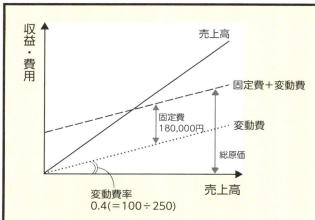

この3つのグラフを組み合わせるとこのように表せます。

これを**損益分岐図表**と呼びます。

固定費は変動費の上に載せています。
変動費と固定費の合計が総原価です。

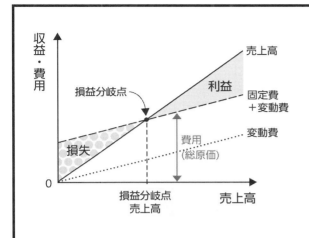

図で示すように
売上高が低い時点では
売上高＜総原価となり
差額が損失になります。

逆に売上高の増加により
「売上高＞総原価」となれば
その差額が利益になります。

売上高と総原価の線が
交わる点を**損益分岐点**と
呼び、損益が±0となる
地点です。

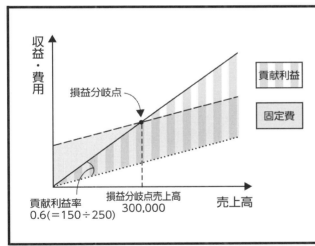

またこの図からは
貢献利益が固定費を
回収する様子を
読み取ることができます。

損益分岐点売上高は
固定費÷貢献利益率で
求めることができます。

この例では
180,000÷0.6
　　＝300,000円の
売上高で損益が±0に
なります。

売上高300,000円/月÷250円/個
　＝1,200個/月

このお店を継続する最低条件は
1か月に1,200個のプリンを
販売することだとわかります。

×1,200個

このように原価（Cost）、
営業量（Volume）、利益（Profit）の
関係を明らかにする分析を
CVP分析と呼びます

利益計画で
重要な役割を
担います

利益計画を立てるのに役立つCVP分析

　原価（Cost）と営業量（Business Volume）と利益（Profit）の関係を分析することをその頭文字をとって「**CVP分析**」と呼びます。
　これらの関係を図示した損益分岐図表は、売上高の変化による損益の動きがひと目で見てとれる利用価値の高い道具です。

　変動費線の傾きは売価に対する変動費の比率（変動費／売価）です。
　売上高線の傾きは1.0（縦軸、横軸ともに売上高なので）。貢献利益の傾きは売上高と変動費の差額（1.0 − 変動費率）で計算されます。
　損益分岐図表で費用の線を書く際は、まず変動費の直線を書き、次に固定費を加算する形で総原価の直線を書くのがポイントです。こうすることで、売上高と変動費の直線がともに0を起点とすることになり両者の差額が貢献利益として表れます。もし逆に固定費、変動費の順番でそれぞれの直線を書くと貢献利益が2つの部分に分離され見にくくなってしまいます。

　先の項でも述べたように変動費と固定費の回収の優先度を考えた場合、まず回収すべきは変動費です。繰り返し製造販売活動を行なうためには、まず変動費を回収しなければいけません。その資金を再び変動費に投下することで製造販売活動が継続できます。
　変動費を回収した残り（売上高−変動費＝貢献利益）でもって固定費を回収します。この回収の観点からも損益分岐図表に書く費用は、「変動費⇒固定費」の順が好ましいとされます。

　損益分岐図表の売上高線と総原価線の交わる点、つまり損益が±0となる点を「**損益分岐点**」と呼びます。そして損益分岐点となる売上高を損益分岐点売上高と呼びます。
　これは、「損益分岐点売上高＝固定費÷貢献利益率」で求めることができます。

この式は次の通り変換すれば得られます。

①売上高－変動費－固定費＝０
②貢献利益（＝売上高－変動費）＝固定費
③売上高×貢献利益率（＝貢献利益）＝固定費
④売上高＝固定費÷貢献利益率

「変動費＋固定費＝総原価」ですから「売上高＝総原価」となる式①が得られます。③では貢献利益を売上高と貢献利益率（＝貢献利益／売上高）に分解しています。

損益分岐点に達する売上量は「固定費÷貢献利益／個」でも「損益分岐点売上高÷売価／個」でも求めることができます。

ＣＶＰ分析によるその企業の体質を示す指標がいくつかあります。そのうちの１つ**経営レバレッジ係数**を見てみましょう。ちなみに、レバレッジとは「てこの作用」という意味です。

「経営レバレッジ係数＝貢献利益／営業利益」で計算される指標で、これには売上高の増加率から営業利益の増加率を簡単に予測できる長所があります。例えば以下のように計算されます。

「売上高の増加率（20％）×経営レバレッジ係数（6）＝営業利益の増加率（120％）」

原価総額に占める固定費の割合が大きい会社は、そうでない会社に比べ損益分岐点売上高が高い反面、売上高が少し増加すれば利益が急増する傾向にあります。逆に売上高が少し下がれば利益も急落します。

このような会社の経営レバレッジ係数は高く、固定費の割合の低い会社のレバレッジ係数は低くなります。固定資産を多く有する製造業が少しの売上高減で急激に業績悪化に陥る理由はこのあたりにあります。

05 目標利益を達成するために

さる夫は年収どれくらいになりたい？

やっぱり1,000万円はほしいお

キリッ

大きくでたな

売価　　250円/個
変動費　100円/個
貢献利益　150円/個
固定費　180,000円/月

では先ほどのプリンの例で

目標営業量を予測しましょう

$$\text{目標利益を達成する売上高} = \frac{\text{固定費}＋\text{目標利益}}{\text{貢献利益率}}$$

損益分岐点売上高の式に目標利益を加えた形です

これが目標利益を達成する売上高の計算式です

$$\text{目標利益を達成する売上高} = \frac{180{,}000＋10{,}000{,}000÷12}{0.6(＝150÷250)} ≒ 1{,}689{,}000\text{円/月}$$

売上量＝1,689,000円/月÷250円/個＝6,756個/月

例をあてはめるとこうなります

そんなわけで年収1,000万円を得るためには1か月に6,756個販売する必要があるとわかりました。

あくまで例だけどね

いずれにせよ厳しいことはわかったお

でも

結構おもしろいからＣＶＰを活用してみるお！

どれくらいの営業量で目標が達成できるかを計算する

翌期の売上高が今期の20％増しになったら利益はいくらになる？

こういった予測方法以外にも、先に目標利益を決めておき、それを達成するための売上高はいくら必要なのかを逆算することもできます。

目標利益を達成する売上高は以下の算式で計算されます。

「売上高＝（固定費＋目標利益）÷貢献利益率」

この算式は以下の式の変換によって得られます。

①売上高－変動費－固定費＝目標利益
②貢献利益（＝売上高－変動費）＝固定費＋目標利益
③売上高×貢献利益率（＝貢献利益）＝固定費＋目標利益
④売上高＝（固定費＋目標利益）÷貢献利益率

損益分岐点売上高の場合、①の式の右辺を0としていましたが、ここに目標利益を入れることで目標達成に必要な売上高が算出されます。

実際の商売を想定すれば、貢献利益率の異なる製品を複数扱うことになるでしょう。加えて製品には市場の需要限界があり、作れば作るだけ売れるものではありません。そして、一定の期間で生産できる製品の量にも限りがあります。

いろいろな条件下においては、上記の単純な算式だけでは目標利益を達成するための売上高を算出することは難しいです。ですが、この考えを応用すれば、利益が最大になるような商品構成を導き出すことも可能です。

管理会計では統計的な手法（例えば線形計画法など）を活用して精度を高めています。個人的にも使える技術ですので管理会計とともに統計の知識の習得をおすすめします。

コラム 6 時代の要求に応え経営を助ける管理会計

　本書ではCVPや直接原価計算といった管理会計のさわり部分について触れました。管理会計は他にも1章の4で説明したような経営者が知りたいさまざまな情報（利益率の高い製品は？　設備を購入すべきか？　外注すべきか？　大型投資をすべきか？）を提供してくれます。

　原価計算はその歴史が示すように、今後もその時代が要求する機能が付加されていくと予想されます。
　例えば、以前は標準原価計算が原価管理において極めて有効な手法だとされてきました。しかしこれは人の技能による部分が多い場合に効果が大きいのであって、高度に機械化された工場においては必ずしもそうではありません。
　標準原価計算は標準消費量を設定することで効率・能率のよし悪しを認識します。効率というものは人の手が介在するほど「ブレ」が生じます。人は疲労するし、完調であっても毎回全く同じ動きをすることは不可能です。しかし機械は条件さえ満たせば同じ動作を寸分違わず繰り返すことが可能です（故障することもありますが）。
　近年、一部の業界ではコンピューターと機械によるオートメーション化により製造効率は著しく向上しました。そもそも実績の効率が良いのですから、標準と実績との差異分析をしてフィードバックする効果は小さい。製造側で改善の余地が縮小すれば、次に着目すべきは製品の設計段階での改善です。ここで「原価企画」という概念が生まれます。これは製品の設計段階において目標利益を設定し、その上で市場で受け入れられる価格を実現するためにより安い材料を探したり、より少ない工程になるよう工夫したりしながら原価を作り込む活動を指します。

　このように、1つの改善により新たに生じた改善案に対応すべく、原価計算（管理会計）はその役割を拡張していくのです。

索引

索引

あ

- 一般管理費 … 45
- 移動平均法 … 60, 61
- 売上原価 … 24, 25
- 売上総利益 … 25
- 売上高 … 25
- 営業費 … 45
- 営業利益 … 45

か

- 階梯式配賦法 … 96, 99, 102
- 価格差異 … 161, 162
- 加工費 … 115
- 完成品換算量 … 116, 119
- 間接工 … 64
- 間接費 … 38, 40
- 管理会計 … 30, 32
- 基準操業度 … 76, 164
- 組間接費 … 143
- 組直接費 … 143
- 組別総合原価計算 … 142
- 経営レバレッジ係数 … 197
- 継続記録法 … 58, 63
- 形態別分類 … 36, 37
- 経費 … 36, 37, 66, 67
- 原価 … 16, 22, 23, 24, 25
- 原価企画 … 200
- 原価計算 … 30, 32
- 原価計算基準 … 24
- 原価計算表 … 55
- 原価差異 … 73, 176, 177
- 原価標準 … 154
- 減損 … 110
- 工業簿記 … 30, 32
- 貢献利益 … 184
- 工程別総合原価計算 … 136, 140

固定費	46, 47
固定費調整	190, 193
個別原価計算	54, 57
個別法	60
固変分解	47

さ

財務会計	30, 32
材料受入価格差異	72
材料消費価格差異	71
材料費	36, 37, 58, 62
先入先出法	60, 61
仕掛品	33, 48
市場生産	118
仕損	104, 110, 128, 168
仕損費	104, 110
仕損品	104, 110
実際原価計算	151
実際操業度	164
実際配賦	74, 79
修正パーシャルプラン	157, 158, 159
受注生産	57
シュラッター図	164
シングルプラン	157, 159
進捗度	116, 119
数量差異	161, 166
正常仕損率	168, 175
正常生産量	80
製造間接費	74, 79
製造原価	24, 45
製造原価明細書	52
製造指図書	55, 57
製造部門	93, 95
製品	48
製品との関連における分類	38, 40
製品別計算	48

積数	144
全部原価計算	182, 183
操業度	47
操業度差異	78
総原価	45
総合原価計算	114, 118
相互配賦法	96, 97, 102
総平均法	60
損益分岐図表	194
損益分岐点	195, 196

た

棚卸計算法	58, 63
棚卸減耗	63
単一基準配賦法	112
短期利益計画	181
単純総合原価計算	127
直接原価計算	182, 183, 184
直接工	64
直接作業時間	64
直接配賦法	96, 102
直接費	38, 40
賃金	64, 65
等価係数	144
等級別総合原価計算	144, 147
度外視法	130, 131, 132, 135

な

能率差異	165

は

パーシャルプラン	157, 159
配賦	41
配賦基準	79
販売費	45
非度外視法	130, 133, 134, 135

費目別計算	48
標準原価	150, 154
標準原価計算	151, 154
標準操業度	164
複数基準配賦法	112
歩留率	168
部門	86
部門共通費	89
部門個別費	89
部門別計算	48
不利差異	163
変動製造マージン	184
変動費	46, 47
補助部門	93, 95
ボックス図	120

ま

前工程費	137, 140
見込生産	118

や

有利差異	163
予算差異	78
予定価格	68
予定配賦	74, 79
予定配賦率	76

ら

連結原価	148
連産品	148
労務費	36, 37, 64, 65

アルファベット

CVP 分析	195, 196

おわりに

難しい。そして面白い。

　これが、実際に原価計算を仕事で扱う身としての思いです。
　原価計算の考え方は、ひたすら合理的で私好みです。しかし、これを現実に活用しようとすると、なかなかに苦労が多い。
　より正確な原価を計算するために現行の仕組みをどう改良すればよいのか、そんな問題解決に喜びを見い出せる人にとっては、やりがいのある仕事になるでしょう。

　この分野に触れるきっかけの多くは、簿記検定ではないでしょうか。
　そして、せっかく原価計算を学んでみても、実務で原価計算を扱う機会に巡り合うことは稀だと思います。しかし、学んだことは無駄にはなりません。管理職などになれば経営資料を読むことになります。そこで原価の何たるかを知っていれば、資料内容の理解がより深まるはずです（具体的な計算手法などを知っている必要はありませんが）。

　入門書とうたっておきながら、少し濃い内容も解説しました。それにもかかわらずここまでお読みいただきありがとうございます。
　本書があなたの学習の一助になれたらこれ以上の幸せはありません。
　最後に担当の板谷氏をはじめ本書作成にご協力いただいた方々、並びにサイトにご意見をくださったみなさまに感謝を申し上げます。

2015年1月　東山　穣

東 山　　穣（ひがしやま　ゆたか）

1981年生まれ。神戸大学農学部卒業。学生時代に『金持ち父さん』シリーズに感銘を受け、お金に興味を持つ。株式投資に役立つと考え、決算書を読むために簿記の勉強をはじめる。まったくの初心者から10週間で日商簿記検定2級に合格。その後、1級に合格。現在、とある製造業の経理。主な担当は原価計算、それに伴うデータベースの開発。著書に『とある会社の経理さんが教える 楽しくわかる！ 簿記入門』(日本実業出版社)がある。

とある会社の経理さんが教える
楽しくわかる！　原価計算入門

2015年 1 月20日 初版発行
2022年 5 月20日 第 5 刷発行

著　者　東山　穣　©Y.Higashiyama 2015
発行者　杉本淳一

発行所　株式会社日本実業出版社　東京都新宿区市谷本村町3−29 〒162-0845
　　　　編集部　☎03−3268−5651
　　　　営業部　☎03−3268−5161　振　替　00170−1−25349
　　　　https://www.njg.co.jp/

印刷／厚徳社　製本／共栄社

本書のコピー等による無断転載・複製は、著作権法上の例外を除き、禁じられています。内容についてのお問合せは、ホームページ (https://www.njg.co.jp/contact/) もしくは書面にてお願い致します。落丁・乱丁本は、送料小社負担にて、お取り替え致します。

ISBN 978-4-534-05246-9　Printed in JAPAN

日本実業出版社の本

とある会社の経理さんが教える
楽しくわかる！　簿記入門

東山穣
定価 本体1300円（税別）

本当に使える簿記と会計の基本を現役経理マンがマンガでわかりやすく描きました。パンダとインコのコミカルな会話から、複雑な仕訳の話も楽しくすんなり頭に入ってきます。

「原価計算」しているのに、なぜ「儲け」が出ないのか？

林總
定価 本体1750円（税別）

『餃子屋と高級フレンチでは、どちらが儲かるか？』の著者が、ストーリー形式で解説する超実践的な原価計算の入門書。伝統的原価計算の理論と欠陥、活動基準個別原価計算などが理解できます。

イラスト版　はじめての人もキチンとできる
経理のおしごと手帖

小泉禎久
定価 本体1300円（税別）

はじめて経理を担当する人のために、その仕事を紹介。1日、1か月、1年のサイクルに沿った解説で、即仕事に役立ちます。つまずきやすい仕訳や、経理のルールもやさしく解説。

数学女子　智香が教える
仕事で数字を使うって、こういうことです。

深沢真太郎
定価 本体1400円（税別）

ビジネスで役立つ数学的考え方をストーリーで解説。数字音痴の主人公・木村と数学女子・智香の会話を楽しみながら、標準偏差や相関係数、グラフの見せ方まで身につけられます。

定価変更の場合はご了承ください。